놀이중심 영유아 수학교육

Mathematics Education for
Young Children
Play-based Approach

나귀옥 · 김경희 공저

학지사

머리말

『놀이중심 영유아 수학교육』은 만 3세 이상의 유치원 및 어린이집 유아를 위한 국가수준의 '2019 개정 누리과정'과 만 3세 미만의 어린이집 영아를 위한 '제4차 표준보육과정'에 근거하고 있다. 2019 개정 누리과정과 제4차 표준보육과정은 놀이중심 교육을 표방하고 있다. 그 이전의 우리나라 국가수준의 유치원 교육과정과 어린이집 보육과정도 놀이중심을 추구하였지만 2019 개정 누리과정과 제4차 표준보육과정의 놀이중심 교육은 이전의 교육과정에서 추구하는 것과는 획기적으로 달라졌다고 할 수 있다. 그 이전의 교육과정에서는 놀이스럽기는 하지만 교사가 교육활동을 사전에 계획하고 조직하여 제공함으로써 구조화된 수업을 진행해 나가는 경향이 있었다. 그러나 2019 개정 누리과정과 제4차 표준보육과정에서는 영유아가 자신들이 좋아하고 하고 싶은 놀이를 선택하여 즐겁게 놀이하는 과정에서, 필요한 지식, 기술, 태도 및 가치 등을 자연스럽게 배울 수 있도록 하고 있다.

놀이중심 교육에서는 영유아가 놀이하면서 자연스럽게 수학적 내용을 경험하고, 이를 통해 수학 지식과 기술, 태도를 습득한다고 본다. 영유아가 습득할 수학교육 내용은 수와 연산, 공간과 도형, 측정, 규칙성, 자료분석 등을 포함하여야 하며, 문제해결하기, 의사소통하기, 추리하기와 증명하기, 연계하기 및 표상하기와 같은 수학적 과정도 포함하여야 한다. 이러한 포괄적이고 통합적인 수학적 내용과 과정은 영유아의 놀이에서 자연스럽게 나타나고, 경험될 것이다. 영유아는 이러한 놀이에 몰입하면서 모든 것을 스스로 배울 것이다.

    달라진 교육과정에 근거한 영유아 수학교육은 영유아가 가정 혹은 영유아 보육·교육기관, 지역사회에서 경험하는 일상생활, 영유아가 주도하고 즐기는 놀이, 그리고 일상생활과 놀이에서 발생하는 문제를 해결하거나 이와 연계한 활동을 통하여 이루어질 수 있다. 따라서 이 책에서는 영유아 수학교육을 위한 주요 방법으로서 놀이중심 수학활동과 문제해결 중심 수학활동이 대체로 어떻게 이루어지는지 소개하며, 그 예를 제시한다. 그러나 이 책에서 소개하는 놀이 및 활동은 단지 기본적인 한 유형일 뿐이고 변형된 절차로 다양하게 이루어질 수 있다. 모든 활동은 통합적 수학활동을 추구하고 있으며, 교사와 영유아가 만들어 가는 활동이다.

    영아기의 수학은 유아기 수학의 기초가 되기 때문에 이 역시 중요하게 다루어야 할 부분이다. 이 책에서는 영아기의 수학교육도 포함하였다. 영아기 수학교육 내용은 제4차 표준보육과정에 근거하며, 유아기 수학교육과 연계되는 측면에서 다루었다. 그 방법은 영아를 중심에 두는 수학교육이며, 유아기 수학교육과 마찬가지로 놀이중심, 일상생활 중심 그리고 문제해결 중심의 수학교육을 지향하였다. 그러나 영아기의 발달 특성상 영아가 주도적으로 놀이를 이끌어 가거나 일상의 문제를 해결해 나가는 것에 초점을 두기보다는 주변의 환경, 자원 및 재료를 탐색하는 것을 기본으로 하였다.

    예비유아교사가 장차 영유아 보육·교육기관에서 일상의 경험과 놀이를 통해 영유아가 배워 갈 수 있도록, 영유아의 수학교육을 지원하는 데 이 책이 도움이 되었으면 한다. 지금까지와는 다른 새로운 국가수준의 교육과정이 적용됨에 따라 현장의 교사들도 새로운 접근의 교육활동을 실행하는 데 어려움을 겪을 수 있다. 따라서 이 책에는 놀이중심 교육활동을 유치원 및 어린이집에서 실시해 보고 그 사례들을 실었으니, 이를 참고하여 모든 선생님이 성공적인 놀이중심 교육활동을 실행하기 바란다.

    마지막으로, 새로운 교육과정에 근거한 놀이중심 수학교육을 현장에서 기꺼이 실행해 주시고 그 자료를 제공해 주신 분들에게 이 자리를 빌려 감사와 존경을 드린다. 성함을 가나다순으로 말씀드리면, 아산시청직장어린이집 박소망 선생님, 세종해들숲어린이집 박태선 선생님과 이문숙 선생님, 한솔유치원 장민주 선생님, 공립예산유치원 홍주희 선생님에게 감사드린다.

저자 나귀옥, 김경희

차례

||| 머리말 _ 3

제3부 ┃ 영유아 수학교육의 방법과 지원

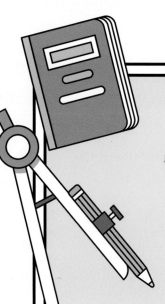

제**1**부

영유아 수학교육의 이해

제1부에서는 출생부터 초등학교 입학 전까지의 영유아를 위한 수학교육의 기초가 되는 내용들을 다룬다. 먼저, 제1장에서는 영유아에게 수학교육을 하는 목적 및 의미를 알아보고, 영유아 수학교육 시에 유념해야 할 전반적인 유의점 등에 대하여 기술한다. 다음으로 제2장에서는 영유아 수학교육의 기초가 되는 이론적 배경들에 대하여 알아본다. 우리나라 영유아 수학교육에 영향을 미친 교육적 관점들과 세계적 흐름 및 운동 등에 대하여 개괄적으로 알아본다. 전통적 교육관, 피아제의 인지적 구성주의, 후기 피아제 학파, 비고츠키의 사회적 구성주의 교육의 기본 개념을 분석하고, 이에 근거하여 영유아 수학교육에 대한 입장을 알아본다. 그리고 교육에 대한 철학적 입장은 아니지만 우리나라 영유아 수학교육에 영향을 미친 NAEYC의 DAP 입장 및 NCTM의 스탠더드 중심의 수학교육이 영유아 수학교육에 대하여 취하는 입장들을 알아본다. 이들 교육적 관점 및 입장에 근거하여 영유아를 위한 수학교육이 어떠한 방향으로 나가야 할지 생각해 보아야 할 것이다. 제3장에서는 영유아 수학교육의 기초가 되는 국가수준의 교육과정을 다룬다. 어린이집과 유치원에 재원하는 만 3세 이상의 유아에게 공통적으로 적용되는 2019 개정 누리과정과 어린이집에 재원하는 만 3세 미만의 영아를 위한 제4차 어린이집 표준보육과정에서 수학교육과 관련된 내용을 추출하여 소개하고 이에 대한 분석과 해석을 첨가한다.

제1장

영유아 수학교육의 개요

1. 영유아 수학교육의 개념

영유아기에는 수학교육을 어떻게 해야 할까? 영아기에는 어떤 수학 내용을 익혀야 하며, 유아기에는 어떤 수학 내용을 공부해야 하는 것일까? 영아처럼 어린 시기에도 수학을 배울 수 있을까? 영아기와 유아기에 어려운 수학 개념을 어떻게 가르칠 수 있을까? 정말 수학교육이 필요할까? 영아기 및 유아기의 어린 시기부터 습득한 수학 지식은 어디에 쓰이는 것일까? 이런 많은 생각을 하게 된다.

아직도 많은 어린이집 및 유치원 교사는 영유아가 아무런 수학 지식을 가지지 않은 채 보육·교육기관에 온다고 생각하지만, 막상 그들이 가진 직관적이고 비형식적 수학 지식을 보고는 놀란다. 후기 피아제 학파 학자들이 등장하면서 어린 영아도 수학에 대하여 강한 직관적 이해를 가지고 있다는 것을 여러 연구에서 증명해 왔다. 예를 들어, 유리는 아직 말도 서툰 첫돌 정도에 분류하기를 하였다. 할아버지가 여러 종류의 사탕을 분류하기 시작하자 유리도 분류하기의 초보 단계이지만 할아버지와 함께 상당히 많은 양의 사탕을 종류별로 구분하였다. 땅콩사탕은 땅콩사탕끼리, 캐러멜은 캐러멜끼리, 검은 껍질에 쌓인 사탕은 검은 껍질의 사탕끼리, 할아버지의 분류를 따라서 그대로 분류하였다. 이때 유리는 주로 외양을 보고 분류하였고, 분류의 기준이 일관성 없기는 하지만 나름 분류 작업을 하였다.

이러한 영유아의 비형식적 수학 지식은 일상생활에서 우연히 말하는 다양한 수학 용어를 통해서도 확인된다. 욕심 많은 유리는 만 1세 반 정도에 과자나 간식을 주면 "마니(많이), 마니."를 외쳤고, 한 손에만 쥐어 주면 다른 손을 가리키며 "여기는 업쪄!"라고 하였다. 이는 직관적으로 양을 비교할 수 있고, '많다', '없다' 등 양과 관련된 적절한 어휘를 사용할 수 있음을 나타낸다. 좀 더 자라면서 "엄마 손이 내 손보다 커서 더 많이 집을 수 있잖아.", "여기(이 컵) 초코우유가 내 것보다 더 많아."라고 하면서 측정의 기초인 크기 및 양을 비교하기 지식을 보여 주고, "내 곰돌이 인형은 침대 위에 둘 거야!", "엄마 옆에서 잘 거야~" 등 공간 개념을 보여 주는 등 일상적으로 사용하는 여러 가지 언어를 통해 수학적 사고 및 이와 관련된 어휘를 사용함을 알 수 있다.

이와 같이 영유아가 생활 속에서 마주치는 수학 지식은 무수히 많다. 여러 가지 놀이, 노래, 율동, 그림책, 게임에서 수와 연산, 공간과 도형, 규칙성, 측정, 자료분석 등의 다양한 수학 개념과 관련 어휘가 포함된다. 예를 들어, 영유아가 즐겨하는 소꿉놀이의 경우, 다양한 크기와 모양의 접시와 그릇에 모래와 나뭇잎을 담으면, 그것은 우유나 밥이 되기도 하고 반찬이 되기도 한다. 이러한 소꿉놀이를 할 때, 접시와 그릇의 모양에 대하여 이야기하고[도형], 접시나 그릇의 수를 세기도 하며[수], 그릇 속의 모래의 양을 비교하는 경험을 하면서[비교하기–측정], 비형식적 지식을 형성하게 된다.

영유아가 즐겨 부르는 동요에도 많은 수학 개념이 포함되어 있다. 영아와 유아 사이에서 쉽게 불리는 〈골디락스와 곰 세 마리〉 역시 곰 가족의 수를 세거나[수], 크기가 다른 곰 가족들을 그에 적절한 크기의 죽 그릇과 짝을 짓고[일대일 대응], 침대 및 의자 등 일상 용품의 크기를 비교하는[비교하기–측정] 경험을 한다. 이런 놀이 활동 속에 수 개념 및 크기 개념이 내포되어 있음을 알 수 있다.

또한 영유아 보육·교육기관에서 게임을 하기 위해 팀을 나눌 때, 동등한 영유아의 수로 구성하기 위해서가 팀의 영유아 수를 세어 나가면서 수세기를 경험한다[수]. 혹은 [그림 1–1]과 같이 점수를 포함하는 게임

● 그림 1-1 ● **숫자 과녁 맞히기 놀이**

에서 각 팀이 획득한 점수를 합하여 어느 팀이 이겼는지를 가리기 위해 팀이 취득한 점수를 계산하는[연산] 과정에서 자연스럽게 수와 연산을 경험하기도 한다.

영유아가 일상생활에서 쉽게 접하는 동화책 역시 많은 비형식적 수학 지식을 내포하고 있는데, 예를 들면 동화 『이상한 그림 때문에』에서는 일상에서 영유아가 쉽게 접할 수 있는 사물의 모양들을 바꿈으로써 각 도형이 가지는 특징을 재미난 이야기를 통해 탐색한다[도형]. 또한 노래 혹은 율동을 할 때 반복되는 리듬과 동작에서 규칙성을 경험하고[규칙성], 게임 및 율동에서 같은 종류끼리 모으는 분류하기를 경험할 수 있다[분류하기-자료분석]. 아주 어린 영아 시기부터 일상생활에서 수학적 경험을 하고, 영유아 보육·교육기관에 다니기 전부터 이와 같은 다양한 경험을 통하여 비형식적 수학 지식을 습득하게 된다.

영유아 보육·교육기관에서 하는 수학활동은 그들이 지닌 이러한 비형식적 지식 기반 위에 시행되어야 한다. 영유아가 일상생활에서 습득한 비형식적 수학 지식은 성인의 사고와 다르고 불완전할지라도 현실 경험을 통하여 습득한 것이기 때문에 비교적 강력하며, 일상생활의 문제를 해결하는 데 유용하게 사용될 수 있다. 한편, 학교교육을 통한 형식적 수학은 비교적 명료하고 일관성이 있으며, 논리적이고 잘 조직화된 형태를 가지고 있다(이정욱·유연화, 2006). 영유아가 학교에서 형식적 수학을 학습할 때, 생소하고 어려운 개념이 평소에 자주 접하고 경험한 적 있는 비형식적 지식과 연결되면 쉽게 이해할 수 있고, 이렇게 습득된 지식은 문제해결에 용이하게 활용될 수 있다.

한편, 영유아를 위한 보육·교육기관에서도 다양한 종류의 비형식적 수학 지식을 습득한다. 먼저, 기관에서의 일상생활을 통해 수학 지식을 접하고 만나게 된다. 외부 활동을 하기 위하여 나가면서 줄을 서고 모두 몇 명인지 확인할 때 수세기를 하며[수], 방문하는 건물의 층에 따라 엘리베이터에서 눌러야 하는 숫자를 찾고[수], 걸어가는 보도블록의 반복적 무늬의 패턴을 발견하며[규칙성], 나뭇잎과 솔방울의 종류를 분류하고[분류하기-자료분석], 그 크기를 비교하며[비교하기-측정], 신호등이 바뀌는 순

●그림 1-2● 엘리베이터 내의 수의 의미

서[규칙성]를 경험하게 된다. 같은 반 친구의 생일파티를 할 때 케이크를 동일한 양으로 나누고 분배하며[연산], 친구들이 가장 좋아하는 음료수를 밝히고[자료분석], 컵에 따른 주스의 많고 적음을 탐색하며[비교하기-측정], 음식 접시와 친구들을 각각 짝짓기[일대일 대응-수]하는 경험을 한다. 이러한 많은 수학 개념을 일상생활과 놀이 및 활동에서 탐색하고 경험함으로써 비형식적 수학 지식을 쌓게 된다.

　놀이 활동에서도 다양한 종류의 수학 지식을 습득하고 활용하게 된다. 모래놀이, 물놀이, 조형 활동에서 다양한 크기의 용기들을 접하고[비교하기-측정], 양을 측정하면서[측정] 다양한 모양의 모형을 만들며[도형], 만들어진 모양을 크기대로 순서를 정하고[순서짓기-측정], 친구들이 가장 많이 만든 것을 찾아본다[자료분석]. 여러 종류의 그림책 속에서 다양한 모양의 도형을 만나고[도형], 반복적으로 일어나는 일의 순서를 인식하고[규칙성], 반복되는 운율을 접하며[규칙성], 비형식적인 더하기와 빼기를 경험[연산]한다. 특히 나이가 어린 영아들은 주로 가정과 기관에서의 일상생활과 놀이 활동을 통하여 수학 지식을 비형식적으로 경험하고 탐색한다.

　교사가 영유아에게 수학 개념이 포함된 놀이를 제안하거나 자료를 투입하여 놀이를 촉발함으로써 수학 지식을 비형식적으로 경험하고 탐색할 기회를 가질 수 있다. 예를 들어, 『자꾸자꾸 초인종이 울리네』는 주인공인 빅토리아와 샘이 엄마가 구워 주신 12개의 쿠키를 먹으려던 찰나에 초인종이 울리면서 친구들이 방문하는 과정이 반복됨으로써 점점 더 많은 친구들과 쿠키를 나누어 먹게 되는 상황이 발생하는 내용이다. 이 동화에는 쿠키를 나누어 먹는 과정에서 나누기의 기초 개념이, 초인종이 울리고 친구가 오는 상황이 반복적으로 나타나는 상황에서 규칙성의 개념이 내포되어 있다. 선생님이 읽어 주고 관련 활동을 할 수 있는 동화 『치과의사 드소토 선생님』에서는 요일마다 치과를 찾아오는 서로 다른 동물들을 만남으로써 시간의 흐름에 따른 순서를 알게 된다.

　혹은 역할 영역에서 동물원 놀이를 할 때, 영유아가 각자 맡고 싶은 역할의 동물을 선택하고, 영유아가 코끼리, 토끼, 기린, 호랑이 등의 걸음걸이를 흉내 내는데, 이때 교사는 몸의 크기, 더 정확히 다리의 크기가 다른 동물들을 선택하도록 제안하여 영유아는 각 동물의 크기나 무게, 다리의 길이 등을 고려해 동물의 걸음걸이를 흉내 낸다. 이를 바탕으로 교사와 영유아가 가장 멀리 걸어갈 수 있는 동물을 함께 유추해 봄으로써 거리 측정의 경험과 거리를 유추해 볼 기회를 갖는다. 그림책에 제시된 이글루, 피라미

드, 원두막, 궁전 등의 세계 여러 나라의 다양한 형태의 집을 볼 때 교사는 그들의 모양에 집중하도록 코멘트하고, 영유아는 쌓기 영역에서 이것을 블록으로 직접 만들어 봄으로써 다양한 도형의 모양을 탐색할 뿐만 아니라 각 모양의 집을 짓기 위해서 어떠한 모양의 블록들이 필요한지 생각해 볼 기회를 가지게 된다.

이와 같이 영유아의 가정과 기관에서의 일상 활동과 놀이를 살펴볼 때 그들은 이미 많은 수학적 개념을 접하고 있다. 취학 전 영유아는 수학을 배울 준비가 된 정도, 그 이상이다(Copely, 2000). 그들은 이미 우리 어른들이 기대하는 것보다 더 복잡한 수학을 배우고 있다.

2. 영유아 수학교육의 목적

우리나라에서 유아 수학교육의 목적은 1969년 유치원 교육과정이 제정되면서 형식적으로 설정되었다. 당시의 유치원 교육과정은 건강한 신체와 건강한 정신으로 행복하게 생활할 수 있는 유능한 대한민국 국민이 될 기초를 닦는 것을 목적으로 하여, 건강 및 안전교육, 기초적인 생활습관 및 사회적 태도와 도덕성, 과학적이고 민주적인 사고력, 듣기와 말하기, 창조적인 표현으로 구성되었다. 이와 같이 1969년에 제정된 유치원 교육과정은 과학적 사고력을 기르는 목적으로 수학교육을 다루고 있다.

우리나라 어린이집에 재원하는 만 0세부터 만 5세까지 취학 전 영유아를 위한 제1차 표준보육과정을 살펴보면, 영유아가 갖추어야 할 바람직하고 적합한 태도와 가치, 지식과 기술을 제시하며, 영유아가 이를 통해 잠재력을 최대한 발휘하고 완전한 어른으로 성장하도록 한다고 그 성격을 규정하고 있다. 표준보육과정의 기본생활, 신체운동, 사회관계, 의사소통, 자연탐구, 예술경험의 여섯 영역 중에서 수학교육과 관련 있는 자연탐구 영역의 목표를 살펴보면 다음과 같다. 주변의 사물과 자연현상을 지각하고 호기심을 가지며, 지속적으로 탐구하는 태도를 가지고, 문제해결을 위한 기초능력을 기르며, 자연을 사랑하는 마음을 가지도록 그 목표를 설정하고 있다. 즉, 수학교육은 탐구하는 태도 및 문제해결의 기초 능력을 기르는 것이 목적이라고 할 수 있다.

1) 우리나라 2019 개정 누리과정

현재 우리나라 유치원 및 어린이집에 재원하는 만 3~5세 유아들을 위한 교육과정은 「2019 개정 누리과정」이다. 이 개정 누리과정의 5개 영역 중, '자연탐구' 영역이 유아 수학교육과 관련된 영역인데, 자연탐구 영역의 목표는 '탐구하는 과정을 즐기고, 자연과 더불어 살아가는 태도를 가지는 것'이라고 하였다. 구체적으로 '일상에서 호기심을 가지고 탐구하는 과정을 즐기고, 생활 속의 문제를 수학적, 과학적으로 탐구하며, 생명과 자연을 존중하는' 것을 목표로 삼고 있다(교육부 · 보건복지부, 2019a). 따라서 개정 누리과정은 최근 영유아 수학교육의 경향과 맥을 같이하면서 탐구의 '과정' 및 '생활 속의 문제'를 탐구하는 것을 강조하고 있다. 만 3~5세 유아들은 일상생활에서 부딪히는 문제를 탐구하는 경험을 가지며, 탐구의 과정 자체를 즐기는 긍정적 태도를 형성하도록 하는 것이 중요하다.

2) 우리나라 제4차 어린이집 표준보육과정

우리나라 어린이집 표준보육과정은 어린이집의 만 3세 미만, 즉 만 0~2세 영아 보육을 위한 가이드라인을 제시하는 보육과정으로서 2020년 9월부터는 「제4차 어린이집 표준보육과정」을 이용하도록 고시하고 있다. 이 보육과정은 연령별 발달 특성이 현저히 다른 영아의 특성을 반영하여 보육 가이드라인을 만 0~1세 영아 및 만 2세 영아를 위한 것으로 구분하여 제공하고 있다. 이 중에서 수학교육과 관련된 부분은 누리과정과 마찬가지로 '자연탐구' 영역에 포함되어 있으며, 그 하위 영역도 누리과정과 유사하게 '탐구과정 즐기기', '생활 속에서 탐구하기', '자연과 더불어 살기'로 구성되어 있다. 만 0~1세 영아의 자연탐구 영역의 목표는 '주변 환경을 탐색'하고 '일상에서 탐색을 즐기는' 것이고, 만 2세 영아는 '주변 환경에 관심을 가지고 탐색'하고, '일상에서 탐색하는 과정을 즐기는' 것을 목표로 하고 있다(보건복지부, 2020). 2019 개정 누리과정과 비교해 보면 나이가 어린 영아라는 점을 감안하여 생활 속에서 부딪힌 문제를 탐구하는 활동에 초점을 두기보다는 일상에서 탐색을 즐기고, 주변 환경을 탐색해 보는 경험을 가지도록 제시하고 있다. 이는 누리과정의 탐구 과정 및 생활 속의 문제를 탐구하는 활동의 기초가 되는 경험을 하도록 하는 것이라고 할 수 있다. 만 3세 이후의 누리과정과 연계가 되도록 그 목표를 제시하고 있는 것이다.

3) NCTM의 영유아 수학교육 목적

미국의 전국수학교사협의회(National Council of Teachers of Mathematics: NCTM)가 1989년과 2000년에 발표한 『학교수학을 위한 교육과정과 평가기준(Curriculum and Evaluation Standards for School Mathematics)』과 『학교수학 원리와 기준(Principles and Standards for School Mathematics)』에서 취학 전(Preschool) 유아부터 고등학교 3학년까지의 전 학년에 걸쳐 모든 학생에게 적용되는 수학교육의 목적을 제시하였는데, 이를 종합하면 다음과 같다.

- 수학의 가치를 인식하기
- 수학을 학습하는 학습자 자신의 능력에 대해 확신 갖기
- 수학적 문제해결자가 되기
- 수학적으로 의사소통하기
- 수학적으로 추론하고 증명하기
- 수학적 개념을 다른 영역의 지식과 연계하기
- 수학적 사고과정을 표상하기

4) 영유아 수학교육 목적의 특성

이러한 수학교육의 가이드라인을 종합하면, 영유아기 수학교육의 목적은 주변 환경 혹은 일상생활 속의 여러 가지 수학과 관련된 현상 혹은 사건을 경험하고, 탐색해 보는 과정을 즐기는 것이라고 할 수 있다. 이는 일상의 경험을 강조하는 것이며, 일상생활에서 혹은 놀이 속에서 만나게 되는 수학과 관련된 여러 상황과 사건을 경험하는 것이 중요하다는 의미이다. 더 나아가 이러한 사건과 상황을 수학적으로 탐색하면서 수학 지식과 기술을 습득하고, 이를 적용해 보는 경험을 하며, 수학에 대한 긍정적 태도를 갖는 것이 목적이다. 이러한 탐색활동은 놀이, 일상생활 및 활동과 관련된다고 볼 수 있으며, 그 특성은 감각적 혹은 구체적, 조작적이고, 생활에서 마주치는 문제를 해결하는

경험을 강조한다.

영유아가 생활 속의 문제에 부딪힐 경우, 단순히 문제의 해답을 말하는 것보다는 적절한 수학적 절차를 수행하여 문제를 해결하는 과정을 경험하는 것이 중요하다. 특히 최근에는 지식이 다른 사람들과의 사회적 상호작용을 통하여 구성된다는 사회적 구성주의의 영향으로 문제해결 과정에서 수학적 언어를 사용하여 아이디어를 교환하고, 다양한 방법으로 자신의 사고를 표상하는 능력이 중요해졌다.

수학교육은 수학과 관련되거나 수학을 사용하는 분야의 직업을 가진 전문가들만을 위한 것이 아니라 모든 사람에게 필요하다. 영유아 수학교육의 목적은 놀이나 일상생활을 통하여 많은 수학적 경험을 하고, 스스로 탐구하는 과정에서 궁금한 점을 해결하는 것이라고 할 수 있다. 이러한 경험과 탐구는 일상생활 혹은 놀이라는 유아에게 의미 있는 맥락 내에서 이루어지며, 또한 통합적이다. 즉, 영유아라고 하더라도 수 개념 혹은 수세기에만 한정할 것이 아니라 수의 의미, 수들 사이의 관계를 파악하고, 일련의 사물과 사건의 배열에서 규칙성을 찾는 패턴을 경험해 보며, 다양한 도형을 탐색하고, 공간과 관련된 체험을 하며, 측정 활동을 해 보고, 사건과 현상에 관련된 데이터를 분류하여 그 의미를 파악해 보는 경험을 하는 것을 포함하여야 한다. 현실의 종합적인 문제를 해결하기 위해서는 앞서 제시한 여러 내용을 별개로 경험하는 것이 아니라 이들을 통합하여 경험하여야 한다.

영유아 수학교육의 정의적인 측면 또한 매우 중요한 것으로 부각되고 있다. 영유아가 수학이 일상생활에서 유용하게 사용될 수 있는 것이라는 유용성을 깨닫게 하는 것이 영유아 수학교육의 중요한 목적이다. 흔히 어린 영유아는 어려운 수학을 왜 하는지 알지 못하여 수학을 피하려는 경향이 있다. 특히 전통적 교육관에서 많은 수학적 사실 혹은 지식의 활용성을 깨닫지 못한 채 단순히 암기하고 반복 훈련할 경우 수학 공부에 대한 동기를 갖지 못하여 수학을 싫어하게 될 수 있다. 따라서 영유아기에는 일상생활 속에서 수학을 경험하고, 유용하고 재미있는 수학활동을 통하여 수학에 대한 긍정적인 태도를 길러 주는 것이 무엇보다 중요하다. 어린 시기에 형성된 수학에 대한 긍정적인 태도는 학령기 이후 수학교육 활동의 튼튼한 토대가 될 것이다.

또한 어려운 문제에 부딪혔을 경우 이를 쉽게 포기하지 않고, 열정과 끈기를 가지고 분석하고 추론하며, 해결하려는 태도를 가져야 수학을 잘할 수 있게 된다. 따라서 영유아기에 수학에 대한 열정과 끈기를 가지도록 하는 것 역시 중요하다. 자신의 수학 능력에 대하여 자부심과 자신감을 가지도록 하는 것도 영유아 수학교육의 주요한 목적이다. 즉, 영유아가 어느 정도 난이도가 있는 수학 과제를 해결했을 때 자신의 능력에 대하여 긍지와 자신감을 가지게 되고, 다음에도 주도적으로 수학문제를 해결해 나갈 수 있게 된다. 최근에는 영유아도 사회의 한 구성원으로서 수학 문제를 해결하기 위하여 다른 사람과 협동하고 자료를 공유하며, 서로 의사소통하는 능력과 태도를 가지는 것이 더욱 중요해졌다.

3. 영유아 수학교육 시 유의점

영유아 보육 · 교육기관에서 일할 교사들을 위하여 수학교육에 관한 유의사항을 정리하면 다음과 같다.

첫째, 영유아를 위한 수학교육은 수세기나 수 개념을 넘어서서 규칙성, 공간과 도형, 측정, 자료분석 등의 다양한 내용을 포함하도록 하여야 한다. 특히 현재 표준보육과정 및 개정 누리과정에서는 공간과 도형의 중요성을 강조하여 이를 하위영역 구성에서 두 번째에 두었으며, 다양한 입체도형을 다루도록 하였다. 즉, 영유아를 위한 수학교육은 '수교육'이 아니라 '수학교육'이 되어야 한다.

둘째, 영유아를 위한 수학교육은 앞서 제시한 내용적인 측면 이외에 수학을 하는 절차 혹은 과정을 다루는 것이 좋다. 즉, 영유아가 일상에서 의미 있는 문제 상황에 접하고 이를 해결하는 과정에서 여러 가지 수학적 절차 혹은 과정을 경험하는 것이 중요하다. 일상생활, 놀이 및 활동에서 수학과 관련된 경험 혹은 관련 문제를 해결하는 과정을 통해 교사는 영유아가 여러 가지 가능성을 추리하고, 다른 영역의 지식 혹은 일상생활에서의 경험이나 과거에 습득한 지식과 연계시키도록 격려하여야 한다. 또한 영유아가 자신의 아이디어를 수학적 언어로 의사소통할 기회를 가져 자신의 사고과정을 명확히 하고 조직화할 수 있도록 돕고, 영유아의 수준에 맞는 방법으로 이를 표상하도록 격려하여야 한다.

셋째, 다양한 놀이 및 활동, 일상생활 경험에서 수학적 문제를 만날 경우 필요에 따라 정확한 계산이나 측정 외에도 어림하기 등 정신적 수학활동을 사용할 수 있어야 한다. 일상생활에서는 어림하기로 개수 세기나 돈 계산, 양을 측정하여야 할 경우가 많다. 예를 들어, 슈퍼마켓에서 소풍에 가져갈 간식을 구매할 때, 용돈만큼의 물건을 고르기 위해서는 각 물건의 값을 어림잡아 계산하며 물건을 고를 수 있어야 한다. 어림하기는 또한 일에 대한 계획과 전략을 채택하는 데도 큰 도움이 된다. 예를 들어, 광화문에서 집회를 한다고 할 때, 모인 인원의 수를 어림하기로 파악할 수 있어야 집회 참석 인원에게 나누어 줄 구호품을 준비할 수 있다. 양과 관련된 어림하기의 또 다른 예로 김장을 하고 김치를 담기 위한 통을 양에 맞게 잘 고르는 것을 들 수 있다. 김치를 너무 큰 통에 담을 경우 김치가 산화되어 맛이 덜하고, 너무 작은 통에 담을 경우 김치가 넘칠 수 있다. 유치원에서 찰흙으로 곰 세 마리 만들기를 할 때, 곰의 크기에 따라 적절한 양으로 찰흙을 나누어 가지려면 어림하기가 필요하다. 이와 같이 어림하기는 일을 조리 있게 할 수 있는 매우 유용한 수학적 기술이다.

넷째, 놀이 혹은 일상생활 경험을 통하여 수학학습을 하는 것은 영유아에게 의미 있는 맥락을 제공하기 때문에 어려운 수학에 쉽게 접근할 수 있는 방법이다. 따라서 종합적이고 포괄적인 맥락에서 놀이 혹은 문제해결의 경험이 바람직하다. 놀이의 경우, 단편적인 짧은 놀이보다는 다음 놀이로 이어지고, 심화되거나 확장되어 가는 복합적인 놀이 속에서 수학 관련 경험을 하는 것이 깊이 있는 수학을 다루게 된다. '제12장 놀이중심 수학활동 실제'에서 소개되는 놀이 및 문제해결 활동은 이러한 관점에서 실행된 수학활동들이다. 여기에 소개된 활동은 모두 통합적인 활동이어서 이를 진행해 나갈 때 과정적인 측면이 스며들어 있다. 즉, 내용적인 측면과 과정적인 측면이 서로 융해되어 있는 것이다. 또한 제9장의 '영유아 수학교육 방법'에서는 놀이중심 및 문제해결 중심 활동을 할 때 이용할 수 있는 놀이의 과정 및 문제해결의 과정 모형을 제시하였다. 교사와 영유아는 이 모형을 응용하여 다양하게 변형된 과정으로 수학활동을 이끌어 갈 수 있을 것이다.

다섯째, 영유아 수학교육을 위하여 다양한 자원과 재료를 제공하고, 다양한 소재를 활용하면 의미 있는 활동들을 촉발할 수 있다. 먼저, 영유아가 탐구하고 싶은 욕구를 자극하고, 수학과 관련된 문제에 접하도록 하기 위하여 아동문학을 활용하기를 권한다. 아동문학의 내용은 학습할 수학 내용을 이해하기 쉬운 맥락에서 제공하고, 영유아의 흥미를 자극한다. 또한 전래놀이나 일상생활의 평범한 일들을 소개함으로써 영유아가 이를 토대로 놀이를 만들어 가거나 놀이를 하면서 문제를 해결할 기회를 가지기도 한다. 이러한 활동도 영유아에게 의미 있고 이해하기 쉬운 수학교육 상황을 제시하는 것이며,

수학이 일상생활과 연결되는 것을 보고 수학의 가치를 알 수 있게 해 준다. 게임은 영유아의 홍미를 끌면서 복잡한 문제를 제시하여 해결의 기회를 주며, 프로젝트 활동도 종합적인 활동의 기회를 주면서 문제해결 및 의사소통과 표상의 기회를 제공한다.

여섯째, 영유아에게 수학이 학교에서나 하는 불필요한 것이 아니라 일상의 문제를 해결하는 데 사용되고 자신의 삶과 연결되기 때문에 유용한 것이라는 인식을 가지도록 해야 한다. 수학이 '수업시간에 하는 지루하고 인내를 요하는 수 이름 암기 및 연습과 문제풀이'로 인식되어서는 수학에 대한 긍정적인 태도를 가질 수 없다. 수학 관련 놀이 및 활동에서 마주치는 문제는 자신의 과거 경험이나 일상생활의 에피소드와 관련되며, 수학 관련 경험이 장보기에 혹은 인형 침대 만들기에 사용된다는 것을 알 때 수학의 가치를 깨닫게 되면서 동기가 높아질 것이다. 영유아 수학교육에서 무엇보다 신경 써야 할 것은 영유아가 수학의 가치를 깨닫고 수학에 대한 긍정적인 태도를 가지도록 하는 것이다.

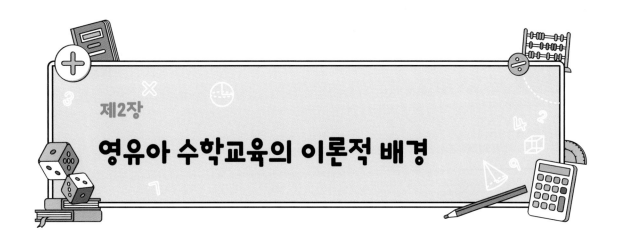

제2장

영유아 수학교육의 이론적 배경

이 장에서는 영유아 수학교육의 이론적 배경이 되는 교육적 관점의 변화와 최근의 동향을 개괄적으로 살펴봄으로써 앞으로의 영유아 수학교육 방향을 제시하고자 한다. 영유아 수학교육에 중요한 영향을 미친 주류 혹은 관점으로서 전통적 교육관, 피아제의 인지적 구성주의, 후기 피아제 학파, 비고츠키의 사회적 구성주의를 살펴보고, NAEYC의 DAP 입장과 NCTM의 스탠더드 중심 수학교육이 취하는 영유아 수학교육에 대한 입장을 살펴보고자 한다.

1. 전통적 교육관과 영유아 수학교육

전통적 교육은 지식의 절대성에 근거하고 있다. 즉, 이성에 근거한 절대적 지식이 인식 주체의 해석과는 무관하게 인간의 외부에 객관적이고 독립적으로 존재한다고 보고, 이러한 지식은 모든 인간에게 동일하게 적용되는 절대적인 지식이라고 본다. 또한 전통적 교육관은 아동은 육체적 · 정신적으로 성장을 필요로 하는 미성숙한 존재이며, 완전하고 성숙한 존재인 성인이 되기 위해 교육되어야 하는 대상으로 보았다. 이러한 관점에서는 역사를 통해 축적된 완전하고 고정불변의 관념적 지식과 기술, 인류문화 유산, 사회의 절대적 가치들을 교육내용으로 다룬다. 이러한 전통적 교육에서는 성인이나 교사에 의한 지식의 일방적 제시와 주입이 효과적인 교육방법으로 간주되었다. 전통적 교육관은 절대적 지식을 미숙한 영유아에게 전수하여 성숙한 성인으로 만드는 것을 교육의 목적으로 본다.

1) 기본 개념

(1) 지식의 절대성

전통적 교육관에서는 지식은 이미 완성된 완전하고 절대적 지식이라고 보았다. 특히 수학은 추론을 통해 정당화되는 지식의 결정체로 보았으며, 계산, 합리적 사고 및 추론 등을 통한 정신력 연마의 수단으로 여겨졌다.

(2) 권위적 교사

전통적 교육관에서는 객관적이고 절대적인 지식이 담긴 교과서와 이를 전달하는 교사가 권위를 가지고 주도적으로 가르치고, 영유아는 수동적으로 지식을 받아들이는 입장이다.

(3) 강화의 원리

전통적 교육관에서의 학습방법은 오랫동안 지식 전수의 방법으로 사용되어 온 반복훈련 및 보상과 벌을 활용한 강화의 학습 원리를 내세우는 행동주의적 관점에 기초하고 있다.

(4) 미성숙한 영유아

전통적 교육관에서는 영유아를 성인의 축소물로 여긴다. 따라서 영유아는 성인보다 신체적, 정신적으로 미성숙하고 성장이 필요한 존재이며 성인의 가르침을 받아야만 한다고 본다.

2) 영유아 수학교육에 대한 입장

전통적 교육관은 서구의 구성주의 및 놀이중심의 영유아교육 이론들이 우리나라에 소개되기 이전에 영유아를 위한 교육에서 중심적인 역할을 하였다. 전통적으로 오랫동안 이어져 온 이러한 관점 때문에 아직도 우리나라 가정 및 영유아 보육·교육기관에서는 일부 부모 및 교사들이 영유아에게 숫자를 암송하게 하고, 종이 위에 연필로 숫자를 베껴 쓰도록 하며, 주산이나 문제집을 활용하여 계산 훈련을 반복시키고 있다. 훈련된 교사는 영유아의 학습을 위해 교육과정을 체계적이고 논리적으로 구조화하고 이를 단위 활동으로 나누어 가르쳤다. 따라서 수학교육의 목적은 절대적 진리인 수학 지식의 전수이고, 영유아를 위한 수학교육은 수 이름, 수세기, 숫자 표기, 계산능력 등을 중요하게 다룬 수 교육에 초점을 두고 있었다.

(1) 수 교육

전통적 교육관에서는 영유아의 외부에 존재하는 객관적인 사실적 지식이 중요하게 여겨졌다. 수학과 관련된 객관적인 지식으로 수 이름, 수세기, 숫자 표기, 계산능력 등을 중요하게 다루었다. 즉, 수세기 및 구구의 반복적 연습을 통한 수 교육이 영유아를 위한 수학교육의 주류였다.

(2) 관습적 지식

전통적 교육관에서는 관습적 지식이 매우 중요하게 여겨졌다. 결과적으로 수학의 관습적 지식인 숫자 표기도 영유아가 학습해야 할 주요 지식이 되었고, 어린 시기부터 숫자 및 수 이름의 학습이 수학교육의 핵심내용이었다. 계산 또한 수학능력을 위하여 필수이며 그 자체가 중요한 목적이었다.

(3) 반복과 암기

전통적 교육관에서는 오랜 시간 동안 축적된 객관적이고 절대적인 지식을 영유아에게 잘 전수하는 것이 좋은 교육이라고 보았다. 짧은 시간 내에 많은 양의 지식을 효율적으로 전달하기 위해서는 반복과 암기, 훈련 및 강화를 통한 교육방법을 활용하였다. 따라서 숫자, 수 이름 및 능숙한 계산능력의 발달을 위하여 학습지를 통한 반복 훈련이 시행되었다.

(4) 교사 주도적 학습

전통적 교육관에서는 객관적이고 절대적인 지식이 담겨 있는 교과서와 이 지식을 전달하는 교사가 절대적 권위를 가지고 있으며, 교사는 객관적인 지식을 체계적으로 조직화하여 전달하는 주도적 역할을 하였다. 영유아는 이를 수동적으로 받아들이는 입장이었다.

2. 피아제의 인지적 구성주의와 영유아 수학교육

구성주의 입장에서는 지식이 인간의 외부 세계에 객관적으로 존재하는 것이 아니라 인식 주체의 경험에 따라 주관적으로 해석되고 구성된다고 본다. 즉, 전통적 입장과는 달리 구성주의적 관점에 의하면, 영유아는 교사나 다른 성인으로부터 중요한 지식을 전수받아서 습득하는 것이 아니라 영유아 스스로 지식을 구성해 나감으로써 수학개념을 발달시킨다. 피아제(Piaget)의 인지이론에 근거한 이론인 인지적 구성주의는 영유아가 환경과의 상호작용을 통해 능동적으로 지식을 구성한다고 보았다. 이러한 입장에서는 인식의 주체인 영유아가 중요하며, 영유아가 어떻게 인식하고 지식을 구성하느냐가 어떤 지식을 습득하는가를 결정한다고 보았다. 따라서 영유아의 능동적 활동과 영유아 스스로 수학적 관계를 찾을 기회를 제공해 주는 것이 중요하며, 또한 정답을 찾는 것보다는 추론하는 과정이 더 중요하게 인식되었다.

1) 기본 개념

(1) 지식의 종류

피아제의 인지적 구성주의 입장에서는 지식은 세 가지 종류가 있다고 본다. 즉, 물리적 지식, 논리-수학적 지식, 사회적 지식이다.

물리적 지식(physical knowledge)은 외적 현실에 존재하는 사물에 관한 지식이다. 예를 들어, 연필의 색깔과 무게 등은 외적 현실에 존재하는 물리적 속성의 예로서 관찰을 통해 알 수 있다. '빨간 펜'과 '파란 펜'은 관찰을 통해 습득할 수 있는 물리적 지식의 예다.

논리-수학적 지식(logico-mathematical knowledge)은 정신에 의해 창조된 관계들로 구성된다. 예를 들어, 빨간 펜과 파란 펜이 주어졌을 때 우리가 그 색상의 차이를 알아차리면 이 차이는 논리−수학적 지식의 예가 된다. 두 펜은 관찰 가능한 것이지만 그 차이는 관찰이 아니라 개인이 정신적으로 창조한 관계다. 만약 누군가 두 사물을 이러한 관계로 보지 않으면 이 차이는 그에게 존재하지 않을 것이다. 두 펜에서 영유아가 창조할 수 있는 또 다른 관계로는 '~와 비슷한', '무게가 같은', '더 긴', '2개' 등이다.

사회적 지식(social or conventional knowledge)은 크리스마스가 12월 25일이라는 사실, 펜이 영어로 'pen'이라고 불리는 사실 등을 말한다. 사회적 지식의 근원은 사람들이 설정한 관습이다. 영유아의 사회적 지식의 습득은 그가 속한 사회의 다른 사람들로부터 전수에 의해 가능하다.

더하기 기호는 +, 빼기 기호는 −로 사용한다. 이러한 더하기 및 빼기 기호는 수학에서 사용하는 상징의 일부로서 사회적 지식이다. 이러한 상징의 사용을 제외한 대부분의 수학 관련 지식은 이 세 종류 중에서 논리−수학적 지식으로서 개인이 창조하는 지식이다. 수학 지식은 영유아가 환경과 능동적으로 상호작용함으로써 적극적으로 구성된다. 이는 외부에 있는 지식을 단순히 받아들이는 것이 아니라 영유아가 정신 속에서 사물과의 관계에 대하여 기존의 지식과 관련지으며 새로운 지식을 구성하는 과정이다. 즉, 영유아가 환경과 상호작용하여 능동적으로 지식을 구성함으로써 지식을 습득한다고 본다.

(2) 영유아의 능동성

인지적 구성주의 입장에서 보면, 지식은 인식 주체의 경험에 따라 주관적으로 해석되고 구성된다. 학습자는 외부에 있는 지식이 주어지는 대로 수동적으로 받아들이는 존재가 아니라 직접 외부 세계에 대하여 의미를 구성한다는 점에서 적극적이고 능동적인 존재다. 개별 영유아가 적극적으로 사물과의 관계에 주의를 기울이거나 관계를 파악하지 않으면 그와 관련된 지식이 그 영유아에게는 존재하지 않을 수 있다. 따라서 인지적 구성주의 입장에서는 영유아를 능동적인 학습의 주체로 본다.

(3) 환경과의 상호작용

영유아는 외부의 다양한 물리적 환경 및 사물들과의 관계를 탐색하고 그와의 상호작용을 통하여 적극적으로 지식을 구성한다. 즉, 환경과의 상호작용을 통하여 영유아 스스로 수학적 관계를 찾고 문제를 해결해 보는 기회를 갖는 것이 중요하다. 영유아가 구체물을 조작하거나 일상의 경험을 통하여 사물들 간의 관계를 탐색하고 추론함으로써 스스로 수학 개념과 규칙을 습득하게 된다. 그러나 인지적 구성주의는 외부의 물리적 환경 및 사물과의 상호작용만을 중요시하여 다른 사람들과의 의사소통을 통한 사회적 상호작용의 중요성을 간과하였다는 지적을 받았다.

(4) 환경 준비자로서의 교사

인지적 구성주의 입장에서 보면 교사는 지식을 전달하는 것이 아니라 영유아가 상호작용하여 의미 있는 지식을 구성해 나갈 수 있는 환경을 만들어 주는 역할을 해야 한다. 즉, 교사는 항상 영유아를 관찰하여 현재의 발달 수준을 파악하고, 그에 적절한 환경을 제공해 주어야 한다. 교사는 관찰자와 촉진자의 역할을 우선적으로 하며, 영유아 스스로 활동할 수 있는 환경 구성과 지지적인 분위기 조성이 주된 임무다. 따라서 영유아 교육에 대한 다른 관점과 비교하여 인지적 구성주의 관점에서 교사의 역할은 상대적으로 수동적이고 제한적이라고 볼 수 있다.

2) 영유아 수학교육에 대한 입장

피아제는 감각운동기 및 전조작기 영유아는 보존개념이 발달되지 못하고, 가역적 사고를 하지 못한다고 하였다. 영유아가 수 개념을 진실로 이해하고 수를 직접 다루려면 수를 보존할 수 있어야 하고 가역적 사고가 가능해야 한다. 그러나 영유아기에는 수 보존능력이나 가역적 사고가 불가능하기 때문에 수 개념 학습이 무의미하다고 하였다 (Piaget, 1965). 즉, 구체적 조작기 이전의 영유아가 수를 세는 것은 단지 수 이름을 기계적으로 암기하여 말하는 것이지 그 수 이름이 몇 개의 수를 의미하는지 정확히 이해하는 것은 아니라고 보았다. 따라서 영유아가 수를 셀 수 있을지라도 반드시 수에 대한 이해가 발달되었다고 볼 수 없고 능숙한 수세기는 수 개념을 이해하는 것과 무관하므로 수세기 활동을 영유아에게 적절한 교육활동으로 보지 않았다.

다시 말하면 감각운동기와 전조작기의 영유아에게 수를 직접 가르치는 것은 무의미하며 숫자와 기호 등 수 상징의 학습은 논리-수학적 지식과 관련이 없으므로 사용을 금지해야 한다고 하였다. 그 대신 논리적 조작을 향상시킬 수 있는 분류, 순서짓기, 일대일 대응과 같은 수 이전 활동이 적합하다고 하였다. 따라서 우리나라 유아교육에서도 오랫동안 인지적 구성주의 영향을 받아 분류, 순서짓기, 일대일 대응 등의 수 이전 활동이 수학 개념 발달의 기초로서 영유아 수학교육의 주류를 차지하고 있었다.

(1) 수 이전 활동의 강조

인지적 구성주의 입장에서는 영유아를 위한 수학교육으로 수 이전 활동을 제공해 주는 것이 바람직하다고 본다. 전통적 교육에서 주로 하는 수세기, 수 이름의 기계적 낭송 및 수 상징의 사용과 관련된 활동들은 영유아에게 스트레스만 줄 뿐이지 진정한 수 개념 획득과는 거리가 멀다고 본다. 또한 영유아기의 과도한 단순 반복적 수학학습은 수학을 싫어하게 할 수도 있고, 이러한 부정적 태도는 이후 수학학습에 지장을 초래할 수 있다. 이에 따라 영유아기에 적절한 논리-수학적 사고능력을 키울 수 있는 활동은 수 이전 활동이라고 보았다. 즉, 수 개념을 획득하기 이전에 필수적으로 알고 있어야 하는 논리-수학적 지식으로서 일대일 대응, 분류, 순서짓기 및 비교하기 등의 수 이전 활동을 하는 것이 영유아의 발달에 적합한 수학교육이라고 하였다.

일대일 대응은 하나의 사물에 또 다른 하나의 사물을 대응시키는 것인데 수 개념 획득과 관련된 일대일 대응은 하나의 사물에 하나의 수 이름을 배치하는 것이다. 일대일 대응을 하지 못하는 영유아는 하나의 사물에 두 개의 수 이름을 배치하거나 두 개의 사물에 하나의 수 이름을 배치하기도 한다. 일대일 대응을 정확하게 하기 위해서는 수 이름을 소리 내어 세거나 손가락으로 가리키면서 천천히 세는 것이 좋다.

●그림 2-1● **일대일 대응**

분류하기는 주변 세계의 정보를 효과적으로 처리하기 위하여 사물들을 그 속성에 따라 구분짓는 활동으로서 자료수집과 결과 나타내기 활동의 기초이다. 이는 물체들 간의 공통된 한 가지 속성에 따라 분류하는 단순 분류 능력부터 발달한다. 단순 분류는

●그림 2-2● **분류하기**

주로 색깔이나 크기, 모양 등 눈에 띄는 한 가지 속성에 따라 물체를 분류하는 것이다. 그 후 영유아는 논리적 근거에 의해 한 집합의 물체에서 공통된 특성을 추출해 내고 다른 집합에서도 공통된 속성을 발견한다. 즉, 과학영역에 있는 여러 자연물 중에 조개껍질, 불가사리, 고동 등은 바다에서 볼 수 있는 것으로, 도토리, 솔방울은 산에서 볼 수 있는 것으로 분류하는 것이다. 그 다음으로 나타나는 복합 분류는 한번에 두 가지 이상의 속성에 따라 사물을 분류하는 것으로서, 한 사물이 여러 가지 속성을 가질 수 있다는 것을 이해해야 가능하다.

순서짓기는 서열화라고도 하는데, 둘 이상의 사물을 비교하여 하나 혹은 그 이상의 준거에 의거하여 배열하는 것을 말한다. 영유아는 흔히 사물의 길이, 크기, 넓이 등의 준거에 의해 사물을 비교하여 배열한다. 이러한 순서짓기는 측정의 기초 개념으로 중요하다.

●그림 2-3● **서열화**

(2) 보존개념의 중요성

피아제는 감각운동기 혹은 전조작기 영유아는 보존개념이 발달되지 않아 수에 대해 제대로 이해하지 못한다고 본다. 보존개념이 발달되지 않은 영유아는 동일한 수량의 사물을 자신이 보는 동안 다르게 배열하면 수량이 다르다고 여긴다. 예를 들어, [그림 2-4]에서처럼 조금 넓게 배열된 5개의 초콜릿과 좁게 배열된 5개의 초콜릿을 정확하게 '5개'로 셀 수 있지만 어느 줄이 더 많은지 물었을 때 넓게 배열된 줄의 초콜릿이 더 많다고 대답한다. 이런 영유아의 경우, 수세기를 20까지 할 수 있더라도 '5'의 수 개념은 아직 습득되지 않은 상태다. 피아제는 수는 추상적이고 상징적인 것이므로 수 개념은 보존개념이 이루어진 후에야 발달할 수 있다고 하였다.

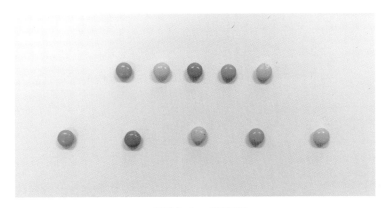

●그림 2-4● **보존개념**

3. 후기 피아제 학파와 영유아 수학교육

후기 피아제 학파는 지식은 영유아의 물리적 환경과의 상호작용 경험에 따라 구성된다는 피아제의 인지적 구성주의의 기본 개념에는 동의하지만, 피아제의 연구에서 여러 가지 문제점을 밝혀낸 연구자 집단이다. 즉, 그들은 영유아의 수학적 능력, 학습과정 및 방법에 대해 사회적 맥락과 관련지어 설명해야 한다고 주장하였다.

Flavell(1985)과 Baroody(1987) 등은 피아제가 영유아를 비논리적 존재, 제한된 수학적 능력을 지닌 존재로 보는 입장을 비판하고, 영유아의 수학적 능력에 관하여 다른 결론을 내리고 있다. 그들은 영유아가 무엇을 할 수 없는가를 발견하는 것에 초점을 맞추는 대신에 무엇을 할 수 있는가를 밝히는 데 초점을 맞추었다. 즉, 취학 전 영유아도 수학적 지식과 기술을 상당히 많이 갖고 있음을 밝혀내었다. 이러한 새로운 입장을 취하는 학자들 중 Gelman(1980) 및 Gelman과 Gallistel(1978) 등은 영유아의 능력을 검증하는 피아제의 과제가 너무 추상적이거나, 검사방법이 영유아에게 혼란을 초래하는 등의 문제가 있음을 지적하고, 영유아에게 적합한 과제와 방법으로 그들의 능력을 검증해 내는 수많은 연구를 실시하였다. 즉, 영유아에게 친숙하며 일상적으로 접하는 과제를 제시하거나, 영유아의 혼란을 감소시키는 질문 및 검사방법을 채택함으로써 영유아가 피아제가 주장하는 것보다 더 많은 수학적 능력을 가지고 있다고 밝혔다.

또한 Fuson(1988) 및 Gelman과 Gallistel(1978)은 수세기 경험이 수 개념 발달에 중요한 역할을 한다고 보았다. 즉, 영유아에게 친숙한 과제, 그들에게 의미 있는 과제를 제시할 때에는 수에 대하여 상당한 이해를 하고 있다는 연구결과를 발표함으로써 영유아의 인지적 능력을 입증하였고, 영유아기에 행하는 다양한 맥락에서의 수세기는 영유아에게 수 개념의 다양한 배경을 제공함으로써 수 개념 획득을 촉진한다고 주장하였다. 따라서 영유아기에 수세기를 통하여 수 개념 발달을 촉진할 수 있다는 입장을 가지고 있다.

후기 피아제 학파는 피아제와 그 조류의 학자들이 취학 전 영유아의 인지적 특성은 비가역적, 자기중심적, 지각적이라고 하며, 이들의 인지적 무능력을 증명하는 데 노력을 기울였고, 이들의 수행 가능한 인지능력에 대하여서는 과소평가하였다고 지적하였다. 후기 피아제 학파의 출현 이후 영유아의 수학적 힘을 증명하는 많은 연구(Baroody, 1987; Greenberg, 1994)가 쏟아져 나왔다. 즉, 취학 전 영유아가 그들의 실생활로부터 근본적으로 중요한 비형식적인 수학적 개념과 전략을 능동적으로 구성해 내는 것에 관한 풍부한 증거들이 축적되었다.

따라서 영유아 수학교육에 종사하는 전문가들은 성인의 기준에서 영유아가 수학적으로 무엇을 할 수 없는가를 밝히기보다는 그들이 가지고 있는 비형식적인 지식과 기술을 사용하여 수학문제를 해결하는 수학자로서 영유아를 보아야 하며, 이러한 영유아만의 독특한 문제해결 방법을 허용하고 격려하는 수학교육 환경을 제공하여야 할 것이다.

1) 기본 개념

(1) 수 보존개념과 유목포함 관계의 이해에 대한 오류

영유아는 보존개념이 발달하지 않아 수 개념을 진정으로 이해하지 못한다는 피아제의 관점과 달리 후기 피아제 학파의 연구자들은 영유아가 다양한 수학적 경험을 통하여 수학 개념의 이해와 사고능력이 발달해 간다고 보았다. 즉, 다양한 맥락에서 수세기 경험이 많으면 동일한 수의 사탕이 다르게 배열되어도 사탕의 수를 세어 같은 개수임을 알게 된다는 것이다. 따라서 영유아의 수학활동에서 수 보존개념이나 유목포함 관계에 대한 이해가 반드시 선행되어야 가능한 것은 아니라고 보았다.

(2) 수세기 경험과 수세기 능력

이 입장에서는 만 2, 3세의 어린 영유아도 수세기 능력이 발달하기 시작하며, 수세기는 수 개념 발달에 중요한 기초가 된다고 보았다. 따라서 영유아기에 수세기 경험을 많이 하면 수 개념 발달에 도움이 된다고 보았다.

(3) 사회적 맥락과 연관된 수학교육

후기 피아제 학파 연구자들은 영유아의 수학적 사고와 개념의 발달과정이 사회적 맥락과 경험의 특성에 따라 차이가 나며, 영유아 개인 내에서도 지식의 영역에 따라 능력의 차이가 있다고 본다. 예를 들어, 지나가는 자동차를 상대로 행상을 하는 브라질의 가난한 동네 아이들은 학교 교육을 제대로 받지 못했지만 돈과 관련된 계산 능력이 일찍 발달한다고 하였다.

(4) 유능한 존재로서 영유아

후기 피아제 학파의 연구자들은 영유아가 친숙하고 자신에게 의미 있는 과제일 경우 이를 잘 해결할 수 있는 유능한 존재로 보았다. 피아제가 실시한 유아의 유목포함 관계 이해에 관한 연구인 노란색과 빨간색 장미(부분)와 장미(전체)의 유목포함 실험에서 유아는 빨간색 장미와 노란색 장미가 모두 장미라는 상위 유목에 포함된다는 사실을 이해하지 못하였다. 이는 전체와 부분이라는 논리적 관계를 이해하지 못하기 때문이라고 하였다. 하지만 후기 피아제 학파의 연구자들은 피아제의 유목포함 실험을 약간 다른 방식으로 진행하였는데, 유목 대상의 특성이 두드러지고 이 특성을 부각하여 질문에 포함하였을 경우 유아도 유목포함 조작이 가능하다는 것을 밝혔다. 즉, 자고 있는 젖소와 황소의 그림을 사용하였을 때, 상위 유목인 소가 모두 '자고 있는' 특성을 가질 경우, '황소가 많은지, 자고 있는 소가 많은지'와 같은 질문에 많은 유아는 자고 있는 소가 많다고 답하였다. 또한 Markman(1978)은 유목포함은 유아의 수세기 능력에 의존하므로 각 유목의 수를 5개 미만으로 해 주었더니 만 5~6세 유아도 유목포함 관계를 이해하는 능력이 있다고 하였다.

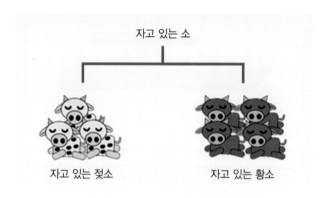

●그림 2-5● **유목포함 실험**

2) 영유아 수학교육에 대한 입장

(1) 비형식적 수학 지식 인정

영유아는 비형식적 수학 지식을 가지고 있다. 어린 영유아도 가게에 가서 자신이 원하는 과자를 사기 위해 돈을 주고 거스름돈을 받아 오는 것처럼 이들은 영유아 보육·교육기관에 입학하기 전에도 자신의 일상생활에서 문제를 해결하는 데 비형식적 수학 지식을 활용한다. 따라서 영유아 보육·교육기관에서도 영유아의 비형식적 지식을 활용하도록 격려하여야 한다.

(2) 영유아 수학교육 내용의 다양화

영유아기에 다루는 수학교육의 내용으로 다양한 수 개념, 즉 수세기, 수량의 탐색, 수 조작 및 연산, 수 표상, 수 상징에 대한 탐색, 어림하기 및 공간과 도형, 통계의 기초

개념을 포함할 것을 제안하였다.

(3) 생활 경험의 재구성

후기 피아제 학파의 연구자들은 영유아 수학교육은 수학을 포함하는 생활 경험을 재구성하여 수학적으로 탐구하고 문제를 해결하는 과정을 경험하도록 이루어져야 한다고 하였다. 이를 위해 수학활동에서 영유아가 사용하는 독특하고 비형식적인 문제해결 전략을 허용하여야 한다고 하였다.

4. 비고츠키의 사회적 구성주의와 영유아 수학교육

비고츠키(Vygotsky)도 지식은 영유아의 경험을 내면화하는 사고에 의해 구성된다고 보는 점에서는 피아제의 인지적 구성주의와 동일하다. 하지만 피아제는 영유아의 내부에서 일어나는 인지구조의 변화를 중요시하며, 이러한 변화의 결과로 나타나는 인지발달의 단계가 어떤 문화권에서나 동일하게 나타난다고 보았다. 이와 달리 비고츠키는 영유아가 속한 문화, 인종, 사회구조 등의 사회적 배경요인들이 다양한 사회 · 문화적 맥락을 만들고, 영유아가 속한 사회 · 문화적 맥락은 그가 어떻게 사고하고 발달하는가에 영향을 준다고 하였다. 즉, 각 사물의 이름을 명명하고 현상을 설명해 주는 엄마의 양육방식과 퉁명스럽게 명령하고 간단한 문장으로만 말하는 엄마의 양육방식은 영유아의 사고방식에 차이를 가져올 수 있다(Rogoff, Malkin, & Gilbride, 1984).

이와 같이 비고츠키는 영유아를 둘러싼 사회 · 문화적 요인의 영향을 강조함으로써 영유아는 자신이 속한 사회 · 문화적 맥락에 따라 서로 다르게 지식을 구성하고, 다르게 발달해 나간다고 보아 영유아의 사회 · 문화적 배경에 따른 다양성을 존중하였다. 즉, 우리나라의 경우 수 이름이 한자 수 이름과 고유 수 이름으로 이루어져 있어 영유아가 초기에 수 이름을 이해하는 데 다른 나라의 영유아보다 더 어려움을 갖는다.

비고츠키는 사회 · 문화적 산물인 수학 지식 체계가 다른 사람들과의 사회적 상호작용을 통해 구성되고 공유되면서 영유아 자신의 것으로 내면화되어 간다고 하였다. 따라서 수학 지식은 영유아 주변의 교사, 부모, 또래들과의 사회적 상호작용을 통해 구성된다고 보았다. 이를 위해 영유아와 유의미하게 상호작용하는 교사 혹은 부모 등과 같은 성인들이 영유아의 지식 습득에 결정적인 영향을 미친다고 보았다. 따라서 교사나 성인 혹은 유능한 또래의 스캐폴딩(scaffolding, 비계)을 통한 학습을 강조하였고, 교사가 적극적으로 영유아의 수학학습에 개입하는 것이 바람직하다고 하였다.

한편, 비고츠키는 영유아의 발달을 돕기 위해 성인이나 교사, 유능한 또래의 역할이 필요하며, 이들이 영유아를 발달 경로에 따라 적극적으로 이끌어 감으로써 학습을 최대화할 수 있다고 보았다. 피아제가 영유아의 발달 단계에 맞는 교육을 주장한 것에 반해 비고츠키는 보다 나은 또래 혹은 성인으로부터 도움을 받는 교수학습이 발달을 이끌어 나간다고 보았다.

1) 기본 개념

(1) 근접발달영역

비고츠키는 영유아가 아무런 도움을 받지 않고 스스로 할 수 있는 과제의 수준을 독립적 수준이라고 하고, 성인이나 유능한 또래의 도움을 받아 수행할 수 있는 수준을 잠재적 수준이라고 하였으며, 독립적 수준과 잠재적 수준 사이의 영역을 근접발달영역(zone of proximal development: ZPD)이라고 하였다(Bodrova & Leong, 2007). 학습은 근접발달영역 내에서 일어나며, 근접발달영역 내에 있는 지금 발전 중인 수준의 과제를 부여하는 것이 가장 효율적인 교육이다. 즉, 다른 사람의 도움을 받지 않고 영유아 스스로 할 수 있는 독립적 수준 이하의 과제는 학습할 필요가 없고, 다른 사람의 도움을 받아야만 할 수 있는 잠재적 수준 이상으로 어려운 과제는 교사나 부모가 아무리 도와주어도 할 수 없기 때문에 의미가 없다.

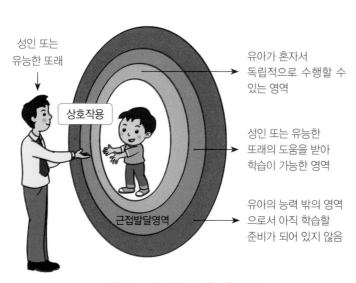

성인 또는 유능한 또래

상호작용

유아가 혼자서 독립적으로 수행할 수 있는 영역

성인 또는 유능한 또래의 도움을 받아 학습이 가능한 영역

근접발달영역

유아의 능력 밖의 영역으로서 아직 학습할 준비가 되어 있지 않음

●그림 2-6● **근접발달영역(ZPD)의 발달**

(2) 영유아의 능동성

사회적 구성주의도 인지적 구성주의와 마찬가지로 지식 구성의 과정에서 영유아가 주체적이고 능동적인 역할을 한다고 보았다(Packer, 1993). 즉, 지식의 내면화가 외적 현실을 그대로 복사하는 것이 아니라 내적 의식의 상태와 자기조절이 일어나는 창조의 과정이며, 영유아는 이 과정에 적극적이고 능동적으로 참여한다는 것이다(Wertsch, 1985). 그러나 이들은 영유아가 사물을 조작하고 탐색하는 것만으로는 논리적인 사고의 구성을 보장할 수 없다고 하면서, 논리적인 관계에 관한 지식은 사물과의 상호작용보다는 다른 사람들과의 상호작용을 통하여 구성된다고 본다.

(3) 능동적 개입자로서 교사

사물과의 상호작용만으로는 논리-수학적 지식을 구성하지 못한다는 관점에서 교사나 부모 혹은 유능한 또래가 적극적으로 개입하고 도움을 제공하여야 한다. 성인이나 유능한 또래의 도움으로 잠재적 수준까지 발달할 수 있다고 보았기 때문에 인지적 구성주의 입장보다 교사의 역할을 더 적극적이고 중요하게 여긴다. 교사는 영유아가 상호작용할 환경을 구성하여 제공하는 것으로 끝나는 것이 아니라, 영유아의 활동을 관찰하여 적절한 도움을 제공하여야 한다.

(4) 스캐폴딩의 제공

교사, 부모, 유능한 또래가 제공하는 도움, 학습지원체계를 스캐폴딩이라고 한다. 교사는 항상 영유아의 활동을 관찰함으로써 근접발달영역을 파악하여 어떤 수준의 도움이 얼마나 필요한지를 판단하고 그에 맞는 적절한 수준의 도움을 제공하여야 한다. 즉, 혼자서 할 수 있는 과제에는 도움을 줄 필요가 없고, 특정 과제를 수행하는 데 필요한 지식과 기술이 많이 부족하다면 더 많은 도움을 주어야 한다. 교사나 부모는 항상 영유아의 수준을 파악하여 적절한 도움을 제공함으로써 성공적인 학습으로 이끌고, 영유아가 더 높은 수준으로 진보하였을 때는 도움을 적절히 줄이거나 철회하여 영유아의 자기조절력을 길러 주어야 한다. Wood, Bruner와 Ross(1976)는 과제에 대하여 영유아의 수준에 따라 적절하게 도움의 양을 조절하도록 다음과 같이 5단계로 제시하였다.

Wood, Bruner, & Ross(1976)의 스캐폴딩 5단계

0단계: 아무 도움도 주지 않음

1단계: 일반적인 언어자극

(예: 여기서 무엇을 할 수 있을까?)

2단계: 구체적인 언어자극

(예: 길이를 잴 수 있는 도구를 사용해 보면 어떨까?)

3단계: 학습 자료를 알려 줌

(예: 막대 적목을 사용해 보면 어떨까?)

4단계: 학습 자료를 준비

5단계: 사용방법을 시연

2) 영유아 수학교육에 대한 입장

(1) 다른 사람과 공유하는 활동

영유아를 위한 수학도 다른 사람과 함께 공유하는 활동에서 출발한다고 볼 수 있다. 즉, 자신보다 유능한 또래나 성인의 스캐폴딩을 받아서 더 높은 수준으로 나아갈 수 있기 때문에 혼자서 수 개념 형성을 돕는 교구가 비치된 물리적 환경하고만 상호작용할 것이 아니라 수학적 문제 상황에서 또래들과 협력하고 토론 및 결과 공유를 통한 수학 활동이 중요하다.

(2) 비형식적 지식의 중요성

실생활에서의 실제적인 수 경험을 통해 습득하는 비형식적 수학 지식이 수 개념 발달에 중요한 역할을 한다. 즉, 실생활에서 자신에게 의미 있는 수세기 경험은 수 개념 확립의 기초가 된다. 일상생활에서의 수세기 경험은 수세기가 사용되는 다양한 맥락의 차이를 구분하게 해 주고, 수세기의 의미와 원리를 구성할 수 있게 해 주기 때문에 수 개념 획득을 촉진할 수 있다. 또한 다양한 맥락에서 경험을 통해 습득한 비형식적 수학 지식은 학교에 가서 공부하는 형식적 수학과 연결될 수 있어 학교 수학교육의 튼튼한 토대가 된다.

(3) 의사소통의 역할 강조

비고츠키는 영유아가 자신이 속한 사회 · 문화적 맥락 내의 다양한 구성원과 사회적 상호작용을 함으로써 지식을 구성한다고 보기 때문에 의사소통을 중요하게 여긴다. 따라서 수학 문제해결 과정에서의 활발한 토론과 자신의 해결 과정 및 답을 다른 사람들 앞에서 발표하는 경험은 수학 문제에 대한 자신의 사고를 조직화 · 명료화하며, 전략을 정교화하는 데 도움이 된다. 또한 다른 사람의 해결방법, 탐구방법과 자신의 방법을 비교함으로써 장단점을 파악하고, 전략을 수정할 수 있게 된다.

(4) 수 상징과 수학적 언어의 중요성

상징은 문화적 도구이며 의사소통의 수단이고, 학습을 매개하는 수단이다. 따라서 숫자 및 기호 등의 수 상징과 수학 문제해결 과정의 의사소통에서 활용되는 수학적 언어의 습득이 강조된다. 영유아는 사회적 맥락에서 공유된 활동을 통해 수학적 언어와 수 상징을 자연스럽게 습득할 수 있다. 일상생활의 다양한 맥락에서 수 상징을 친숙하게 접함으로써 형식적 교육을 받기 이전부터 이를 인식하고 이해하게 된다. 즉, 영유아가 흔히 하는 시장놀이나 매일 접하는 휴대전화 및 텔레비전 채널 등을 통하여 숫자와 친숙해지고 결국은 비형식적으로 습득하게 된다. 반면, 기호는 일상생활에서 많이 접하지는 못하지만 리모컨이나 계산기 등을 사용할 때 접한 +, − 등의 기호를 이후에 학교 교육과 연계시킬 수 있다.

● 그림 2-7 ● **수 상징이 있는 생활도구**

5. NAEYC의 DAP 입장과 영유아 수학교육

현대의 영유아 수학교육의 방향에 대한 가이드라인으로서 먼저 미국유아교육협의회(National Association for the Education of Young Children: NAEYC)가 1986년에 제시한 발달적으로 적합한 유아교육의 실제(Developmentally Appropriate Practice: DAP)부터 시작하여(Bredekamp, 1986), 1997년 발달적으로 적합한 유아교육의 실제 개정판(Bredekamp & Copple, 1997) 및 2009년에 개정·확장된 발달적으로 적합한 유아교육의 실제(Copple & Bredekamp, 2009)를 고려하여야 한다. 발달적으로 적합한 유아교육의 실제는 출생부터 만 8세까지의 영유아의 교육 실제를 그 발달에 근거하여 다루고 있다. 먼저, 영유아의 신체적·생리적 욕구가 충족되는 학습 계획 및 환경 구성을 제안하고, 발달의 개인차 및 영유아의 흥미와 욕구를 반영하는 내적 동기 유발을 중요하게 고려하도록 제안하였으며, 자발적이고 적극적인 활동을 통한 지식 구성을 강조함으로써 영유아 중심 및 인지적 구성주의 신념을 반영하고 있다. 또한 성인 혹은 또래와의 사회적 상호작용을 통한 학습, 놀이를 통한 학습, 신체/사회/정서/인지 등 여러 측면의 발달 연관성과 과거 경험과의 연관성, 다양한 인지 및 학습양식과 표상양식을 영유아의 발달 및 학습에 관한 기본 원리로 제시함으로써 사회적 구성주의, 놀이 및 통합적 활동중심의 교육원리를 지향하고 있다.

이에 근거한 영유아 수학교육은 영유아의 짧은 주의집중 시간과 개인적 및 사회문화적 차이와 발달적 특징을 고려하고, 단편적이고 구조화된 활동보다는 다양한 영역의 개념과 경험이 통합된 활동을 하며, 영유아의 자발적인 탐구 혹은 놀이를 중심으로 하는 발현적인 교육, 영유아의 내면의 동기로 인한 자발적인 탐구활동을 이끌어 가도록 도와주어야 한다. 또한 수학활동에서도 또래 영유아 혹은 성인과의 상호작용을 촉진하여 이것이 영유아의 발달과 학습에 있어서 스캐폴딩 역할을 하도록 해야 한다. 결론적으로 일상생활에서 경험하는 여러 가지 사건과 사물을 직접 분류, 비교하고, 관계를 찾아보는 구체적인 조작활동과 놀이 속에서 발현적으로 나타나는 수학적 탐구활동을 통하여 수학적인 기초 경험과 수학에 대한 긍정적인 태도를 기르도록 해야 한다.

발달적으로 적합한 유아교육의 실제 출간 이후에도 NAEYC는 영유아교육을 위해 실제 예시들을 포함하여 더 구체적인 가이드라인을 제안하는 출판물들을 제공하였다. 즉, 『발달적으로 적합한 실제: 유아교육에서 교육과정과 발달(Developmentally Appropriate Practice: Curriculum and Development in Early Education)』(Gestwicki, 2007)이 출판되어 발달적으로 적합한 영유아교육을 위한 교육과정 계획, 교육방법, 환경 구성에 대한 가이드라인을 제공하였다. 2013년에는 영아기와 걸음마기, 취학 전 유아 및 초등학교의 유치반 유아를 위한 발달적으로 적합한 실제에 대한 가이드라인과 예시를 다양한 연령대별로 제공하였다. 또한 2020년에는 입장문(position statement)을 발표하여 교육자들이 영유아에게 발달적으로 적합한 실제를 구현하기 위하여 효율적인 의사결정을 하는 데 사용하도록 가이드라인을 제공하였다(NAEYC, 2020).

한편, 유아 수학교육과 직접적으로 관련 있는 가이드라인으로서 NAEYC와 NCTM은 2002년에 질 높은 유아 수학교육의 비전을 달성하기 위하여 '유아 수학: 좋은 출발을 촉진하기'라는 공동 입장문을 발표하였다(NAEYC & NCTM, 2002). 그중 취학 전 유아를 위한 수학교육 학습경로는 〈표 2-1〉과 같다.

표 2-1 | 유아 수학의 학습경로

내용 영역	전형적 지식과 기술 3세 ←————————————————→ 6세	
수와 연산	• 1~4개 사물을 세고, 마지막 수가 수량을 의미함을 앎 • 1~3개 사물을 즉지하고 수 이름 앎 • 작은 수의 비언어적 더하기, 빼기	• 100까지 세기(10씩 묶어서) • 6개 사물(규칙적, 불규칙적) 즉지, 수 이름 앎 • 10 이하의 수 더하기와 빼기(계속 세기 전략)
공간과 도형	• 2, 3차원 도형 짝 맞추기, 명명 　(같은 크기, 방향 → 다른 크기, 방향) • 도형을 따로 사용하여 그림 만들기 • 사물의 위치를 공간적 언어로 기술, 　장난감으로 단순한 지도 구성	• 다양한 2, 3차원 도형 인식과 명명 • 도형의 기본 특성 설명(변과 각의 수) • 도형을 조합하여 그림 만들기 • 친숙한 장소 지도 그리기, 만들기, 따라 하기
측정	• 측정 대상의 속성 인식과 어휘(긴, 무거운) • 속성에 따라 대상을 비교, 분류	• 다양한 측정단위 및 과정 시도, 방법에 따라 결과가 다름을 인식 • 비표준화 도구 사용
패턴/ 대수	• 단순하게 반복되는 패턴 인식, 베끼기	• 수 패턴 인식 및 토의(1씩 더하면 다음 수)
자료 분석	• 사물 분류, 그룹의 수세기, 비교 • 간단한 그래프(그림) 만들기	• 수 표상으로 자료 조직, 나타내기, 각 그룹의 수세기

이 기준은 만 3세부터 6세까지의 유아기 초기와 후기 사이에 있는 많은 유아가 알고, 할 수 있는 것들을 제시한 것이다. 여기 제시한 것은 학습경로의 양 끝의 내용 기준을 보여 준 것으로서 그 중간에는 여러 단계가 있을 수 있다.

6. NCTM의 스탠더드 중심 영유아 수학교육

소련이 1957년 무인 인공위성 스푸트니크호를 발사하면서 미국을 비롯한 서구 여러 나라에서는 수학과 과학 교육에 대한 위기감을 느꼈다. 이에 미국에서는 현대 수학의 내용적 구조를 학교 수학에 도입하고자 하는 '새 수학(New Math) 운동'이 일어났고, 이것이 크게 성공하지 못하자 다시 기본으로 돌아가자는 'Back to Basics'의 교육을 낳기도 하였다. 한편, 미국의 수학교육 전문가들과 교사들은 수학교육 개선과 수월성을 추구하기 위하여 미국수학교사협의회(NCTM)를 결성하여 학교 수학교육의 교육과정 기준과 원리를 제안하였다.

1) NCTM 수학교육 기준

NCTM은 미국 수학교육 전문가 단체로서 1920년에 시작되었고, 전 세계에서 가장 큰 수학교육 단체로서 1989년과 2000년에 학교 수학교육에 대한 기준집을 발간하였다. 이후 각 주들이 이 기준에 근거하여 수학교육의 교육과정 틀을 마련하는 등 미국의 수학교육에 지대한 영향을 미쳤다. NCTM의 첫 번째 기준집인 1989년의 『학교 수학교육을 위한 교육과정과 평가기준(Curriculum and Evaluation Standards for School Mathematics)』에서는 수학을 안다는 것은 수학을 실제 행함으로써 이루어지며, 학생들이 무엇을 배우느냐는 그들이 어떻게 배우는가에 달려 있다고 단언하였다. 즉, 구성주의적 관점에 근거한 교수학습 방법을 도입함으로써 '무엇을 가르칠 것인가?'라는 내용 기준에 덧붙여 '어떻게 가르칠 것인가?'에 대한 논의에 상당한 비중을 두었다(노선숙, 2000). 이들은 전통적인 수학교실에서는 단순반복 학습(drill and practice)을 통한 기본 기술의 습득에 중점을 두었으며 '수학적 이해, 활용, 적용'이 충분하지 않았다고 비판하였다.

2000년의 기준집『학교 수학교육의 원리와 기준(Principles and Standards for School Mathematics)』에서는 각 학년대에서 가르쳐야 할 수학교육의 내용 기준을 좀 더 구체적으로 제시하였으며, 처음으로 취학 전 영유아를 위한 수학교육 기준(pre-kindergarten standards)을 포함시켰다. 여기에서 취학 전 영유아(pre-kindergarten)란 우리나라의 만 4세 이하 영유아를 의미하고, 만 5세는 초등학교 내에 설치된 유치반(kindergarten)에 해당한다. 이 기준집에는 10가지 영역의 기준을 제시하고 있는데, 이는 수학 내용에 관한 기준과 수학적 과정에 관한 기준으로 구성되어 있다. 수학 내용 기준이란 학생이 학습해야 하는 수학 내용 지식을 의미하고, 수학적 과정이란 이러한 수학 내용 지식을 획득하는 방법과 이를 사용하는 방법에 관한 것을 의미한다.

NCTM(2000)의 수학교육 기준집에서 제시하는 영유아가 성취해야 할 내용 기준은 수와 연산, 대수, 기하, 측정, 자료분석과 확률이다. 〈표 2-2〉에 NCTM(2000)의 수학교육 기준에서 우리나라의 영유아 수준과 가장 가까운 취학 전-유치반-초등학교 2학년(Pre-K-2)의 수학 내용에 대한 다섯 가지 영역과 기준을 제시하였다. NCTM의 내용 기

표 2-2 NCTM의 취학 전-유치반-초등학교 2학년의 내용 기준

영역	내용 기준
수와 연산	• 수, 수를 표현하는 방법들, 수들 간의 관계, 수 체계를 이해한다. • 연산의 의미를 이해하고 그들이 어떻게 서로 관련되는지를 이해한다. • 능숙하게 계산하고, 합리적으로 어림셈한다.
대수	• 패턴, 관계, 함수를 이해한다. • 대수 기호를 이용한 수학적 상황과 구조를 나타내고 분석한다. • 다양한 상황에서 변화를 분석한다.
기하	• 2, 3차원의 기하도형 모양의 특성을 분석하고, 기하학적 관계에 관한 수학적 논의를 발달시킨다. • 위치를 명백히 말하고, 위상기하학과 다른 표상체계를 이용하여 공간관계를 기술한다. • 수학적 상황을 분석하기 위해 변형을 적용하고, 대칭을 사용한다. • 문제를 해결하기 위해 시각화, 공간적 추리, 기하학적 모델링을 사용한다.
측정	• 사물의 측정 가능한 속성 및 측정의 단위, 체계, 과정을 이해한다. • 정확한 측정을 위해 적절한 기술, 도구, 공식을 적용한다.
자료분석과 확률	• 문제를 제기하고, 제기된 문제를 해결하는 데 필요한 자료를 수집, 조직, 제시한다. • 자료를 분석하기 위하여 적절한 통계적 방법을 선택하고 사용한다. • 자료에 기초한 추리와 예측을 발달시키고 평가한다.

준 중 '수와 연산'과 '측정'은 우리나라에서도 '수와 연산' 및 '측정'이지만, NCTM의 '대수'는 우리나라의 '규칙성', '기하'는 '공간과 도형', '자료분석과 확률'은 '자료분석'에 해당된다. 이는 미국의 NCTM은 수학의 학문적 체계에 따라 영역을 구성하는 것을 중요시하지만 우리나라에서는 이러한 학문적 체계에 따른 내용 영역을 먼저 고려하고, 영유아기에 주로 다루거나 영유아의 발달에 적합한 내용을 강조하기 때문에 명칭이 조금씩 다른 것이다. 특히 영아의 수학교육 내용은 이보다 더 간단하게 구성될 수 있다. 영아기 및 유아기의 수학교육 내용 기준은 제3장 '우리나라 영유아 수학교육과정'에 구체적으로 제시하였다.

NCTM(2000)의 수학적 과정 기준은 문제해결하기, 추리하기와 증명하기, 의사소통하기, 연계하기, 표상하기이다. 문제해결하기는 영유아가 일상생활 혹은 놀이 활동에서 부딪히는 여러 가지 문제를 수학 지식과 전략을 활용하여 해결하는 것이고, 추리하기와 증명하기는 문제를 해결하는 과정에서 논리적 결론을 이끌어 내기 위해 수학적으로 논의하고 증명하는 과정이다. 의사소통하기는 문제해결 과정에서 자신의 아이디어, 사고 과정, 문제해결 과정 및 전략, 결론을 다른 사람과 공유하기 위해 소통하는 것이다. 연계하기는 수학개념을 일상의 경험과 연결하거나 다른 영역의 지식과 연결 짓는 것이고, 표상하기는 문제해결 과정의 내적인 사고를 겉으로 나타내는 것을 말한다.

수학 내용과 수학적 과정은 별개의 분리된 수학교육과정이 아니라 이 둘이 합쳐져야만 이상적인 수학학습이 된다. NCTM의 수학교육 기준에서 우리나라의 유아 수준과 가장 가까운 취학 전-유치반-초등학교 2학년(Pre-K-2)의 수학적 과정에 대한 다섯 가지 기준을 〈표 2-3〉에 제시하였다. 영아의 경우는 수학 개념에 관심을 가지거나 탐색하는 활동을 주로 하기 때문에 이러한 수학적 과정이 영아의 놀이 혹은 활동에서는 구체적으로 나타나지 않을 수 있고, 대부분 유아들에게 적용될 수 있다.

영역	과정 기준
문제 해결하기	• 문제해결하기를 통해 새로운 수학적 지식을 획득한다. • 수학적 상황이나 다른 상황에서 일어나는 문제들을 해결한다. • 문제를 해결하기 위해 적절한 전략을 다양하게 적용하고 채택한다. • 수학적 문제해결하기의 과정을 모니터하고 숙고한다.
추리하기와 증명하기	• 수학의 기초적인 측면으로서 추리하기와 증명하기를 깨닫는다. • 수학적 추론을 만들고 조사한다. • 수학적 논의와 증명을 발달시키고 평가한다. • 다양한 형태의 추리와 증명의 방법을 선택하고 사용한다.
의사소통 하기	• 의사소통을 통해 그들의 수학적 사고를 조직하고 굳건하게 한다. • 또래, 교사와 다른 사람에게 분명하고 명확하게 그들의 수학적 생각을 이야기한다. • 다른 사람의 수학적 생각을 분석하고 평가한다. • 수학적 개념을 표현하기 위해 수학적 용어를 사용한다.
연계하기	• 수학적 사고 간의 연계성을 깨닫고 사용한다. • 수학적 개념을 어떻게 서로 연결시키는지를 이해하고 하나의 결합된 전체를 만들기 위해 서로를 연결하여 의지하게 한다. • 수학 이외의 상황에서 수학을 인지하고 적용한다.
표상하기	• 수학적 개념을 조직하고, 기록하고, 의사소통하기 위해 표상을 만들고 사용한다. • 문제를 해결하기 위해 수학적 표상을 선택하고, 적용하고, 변형시킨다. • 표상을 사용하여 모델을 만들고, 물리적·사회적·수학적 연상을 설명한다.

표 2-3 NCTM의 취학 전-유치반-초등학교 2학년의 과정 기준

2) NCTM의 교육과정 핵심 요소

NCTM에서는 2006년에 2000년 기준집의 실행 및 적용 지침서의 성격을 갖는 『취학 전부터 8학년까지의 수학을 위한 교육과정 핵심 요소(Curriculum Focal Points for Pre-kindergarten through Grade 8 Mathematics: CFP)』를 발간하였다. CFP는 2000년 기준과 맥락을 같이하고 있으며, 이의 용이한 적용을 위하여 간략한 제시방법을 채택한 것이다. 즉, 다소 방대한 2000년 기준집의 초점(focal point)을 추려 간략하게 제시함으로써 교육과정 개발자들이 쉽게 사용하도록 하였다. CFP는 실제 교육과정 개발자들이 학년별 핵심 내용의 요소를 논의할 때 시작점으로 활용할 목적으로 발간하였다(NCTM, 2006; Fennell, 2006).

2000년 기준집에서는 3~4개 학년을 하나의 학년군으로 묶어 영역별로 내용 기준

표 2-4 교육과정의 핵심 요소

연령	영역	핵심 요소
취학 전 (Pre)	수와 연산	• 일대일 대응, 수세기, 기수 개념, 비교의 개념을 포함한 자연수 이해 　– 수 이름 알기, 10 이상의 사물을 헤아리기 　– ~보다 많음, ~보다 적음 용어 사용하기
	기하	• 도형 인식, 공간적 관계 기술 　– 일상생활에서 도형 인식 및 용어 알기 　– 공간적 관계 용어 사용하기, 공간적 추리하기
	측정	• 측정할 수 있는 속성을 확인 • 측정할 수 있는 속성을 이용한 사물 비교 　– 측정과 관련된 용어(같은, 다른, 더 많은, 더 적은) 사용하기
유치반 (K)	수와 연산	• 자연수 쓰기, 비교하기, 순서 정하기와 자연수의 조합과 분해 　– 자연수 쓰기, 비교하기, 순서 정하기 　– 사물의 집합을 모으고 나누기, 즉지하기, 거꾸로 수세기
	기하	• 모양과 공간 기술 　– 다양한 모양 인식과 이름 알기 　– 공간적 추리하기
	측정	• 측정할 수 있는 속성으로 사물의 순서 규정 　– 길이, 무게와 같은 속성을 이용하여 비교하기, 순서 정하기

을 제시한 것과 달리, CFP에서는 수와 연산, 기하, 대수, 측정, 자료분석과 확률 등 다섯 가지 영역 중 학년별로 중요한 세 가지 영역을 선정하여 핵심 내용, 방법, 목표를 간략하게 제시한 것이 특징이다. 우리나라의 만 4세 이하 영유아에 해당하는 pre-kindergarten과 만 5세 유아에 해당하는 kindergarten에서의 핵심 영역은 수와 연산, 기하(공간과 도형), 측정이다. 그러나 각 학령대에서 다루어야 하는 영역별 내용은 〈표 2-4〉와 같이 난이도가 다르다. 이렇게 학년별로 중요한 세 가지 영역을 선정하는 가운데 자료분석은 8학년에 처음 나타난다. 또한 2000년 기준에서는 내용 기준과 과정 기준을 독립적으로 제시하였으나, CFP는 핵심 개념, 기술, 목표를 합쳐서 학년별 CFP로 제시하고 구체적인 교수법은 언급하지 않았다.

CFP는 주제별로 구체적인 맥락에서의 교수-학습 방법을 제시하는 것이 아니라, 한 가지 주제를 학습하였을 때 학습자가 습득할 지식, 기술 그리고 학습목표를 추상적으로 제시하고 있는 것이 특징이다. 또한 다른 학년에서의 핵심 내용 주제들과의 연계를 강조하여 '핵심 요소의 연계(connection to the focal point)'라는 항목을 학년별 핵심 영역 옆에 함께 제시하고 있다.

학생에게 가르쳐야 할 핵심 내용 선정 기준은 다음과 같다.

① 내용이 수학적으로 의미 있고 또한 실생활에 유용한가?
② 선정될 내용이 (수학)학습 이론에 근거한 것인가?
③ 학생들이 이전에 학습한 주제 및 이후에 학습할 주제들이 서로 연결되는가?

이러한 NCTM의 기준에 근거한 교육과정을 스탠더드 중심 교육과정(standard-based curriculum)이라고 하며, 미국의 수학교육 개혁의 동향을 스탠더드 운동(standard movement)이라고도 한다(노선숙, 2000). 우리나라에서도 교육과정의 수학 관련 내용 및 방법에 관한 가이드라인을 제시할 때 이를 반영하는 추세이다. 즉, 우리나라의 2007년 개정 유치원 교육과정부터 현재의 개정 누리과정에서는 수학교육의 하위 내용 영역이 수학의 고유 학문 영역과 일치하는 NCTM의 스탠더드 내용 영역과 일치하고 있으며, 방법 측면에서도 많은 영향을 받고 있다. 그러나 영아는 학문적 체계에 의한 NCTM의 다섯 가지 내용 영역을 모두 다루기 어렵기 때문에 제4차 표준보육과정의 내용은 이러한 스탠더드 내용을 모두 포함하지 않고, 그 기초가 되는 활동을 하도록 하고 있다.

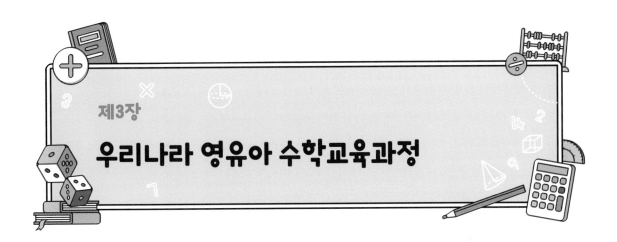

1. 제4차 어린이집 표준보육과정

1) 제4차 어린이집 표준보육과정의 성격

　제4차 어린이집 표준보육과정(이후 제4차 표준보육과정 등으로 칭함)은 2020년 9월부터 어린이집에 재원하는 만 0세부터 만 2세까지의 영아를 위한 국가수준의 보육과정이다. 만 3~5세를 위한 보육과정은 2019 개정 누리과정(이후 개정 누리과정 등으로 칭함)을 적용한다. 제4차 표준보육과정은 국가수준의 기준을 제시함으로써 전국적인 공통성과 지역, 기관 및 개인 수준의 다양성을 동시에 추구한다. 표준보육과정은 영유아의 전인적 발달과 행복을 최우선으로 하면서, 건강한 사람, 자주적인 사람, 창의적인 사람, 감성이 풍부한 사람, 더불어 사는 사람을 인간상으로 추구하고 있다(보건복지부, 2020).

　제4차 표준보육과정의 가장 큰 특징은 영유아 중심과 놀이중심 보육과정이라는 점이다. 먼저, 영유아 중심 보육과정은 영유아의 흥미, 관심, 의견 등을 존중하고 반영하는 보육과정을 의미한다. 즉, 교사는 영유아의 목소리에 귀를 기울이고, 그들의 의견을 존중하고 반영하여 보육과정을 구성한다는 의미다. 다음으로 놀이중심 보육과정은 영유아가 자신의 흥미와 관심에 따라 선택하고 주도해 나가는 놀이를 통하여 세상을 탐색하고, 자신을 표현하며, 다른 사람과 교류해 나가고, 결국에는 놀이하는 과정에서 성장하고 배워 가는 보육과정이다. 제4차 표준보육과정은 '교사가 계획하여 주도하는 보육과정'에서 '영유아가 주도적으로 놀이하며 배우는 보육과정'으로 변화하였다.

만 0~1세 보육과정과 만 2세 영아를 위한 보육과정은 기본생활, 신체운동, 의사소통, 사회관계, 예술경험, 자연탐구의 6개 영역을 중심으로 구성한다. 영아기의 특성상 기본생활 습관의 형성이 중요하므로 누리과정과 달리 영아의 건강 및 안전과 관련된 기본생활을 익히는 내용이 별도의 영역으로 구성되어 있다.

2) 만 0~1세 영아를 위한 수학교육 내용

영아기의 수학교육과 관련된 내용 기준은 자연탐구 영역에 있으며, 자연탐구 영역은 '탐구과정 즐기기', '생활 속에서 탐구하기', '자연과 더불어 살기'의 세 개 내용범주를 두었다. 여기서 자연탐구 영역의 만 0~1세 영아를 위한 '생활 속에서 탐구하기' 내용범주에 과학적 탐구 내용과 함께 수학적 탐구 내용이 포함되어 있는데, 그중에서 수학적 탐구 내용은 물체의 수량에 관심을 가지기, 주변 공간과 모양을 탐색하기, 규칙성을 경험하기다. 만 0~1세 영아를 위한 자연탐구의 내용 중 수학교육과 관련된 내용은 〈표 3-1〉과 같다.

표 3-1 제4차 표준보육과정의 만 0~1세 영아를 위한 수학교육 내용

내용범주	내용
생활 속에서 탐구하기	물체의 수량에 관심을 가진다. 0~1세 영아가 놀이와 일상에서 물체가 있다가 없어지는 경험을 하면서 물체의 있고 없음과 물체의 많고 적음에 관심을 가지는 내용이다.
	주변 공간과 모양을 탐색한다. 0~1세 영아가 뒤집고, 눕고, 앉고, 기고, 서고, 걷고, 오르내리며 몸으로 공간을 탐색하며, 주변에서 접하는 물체를 늘어놓고, 쌓고, 끼우고, 굴리면서 모양을 탐색하는 내용이다.
	규칙성을 경험한다. 0~1세 영아가 일상에서 반복적인 하루 일과 흐름을 경험하고, 일상생활과 놀이에서 자연스럽게 소리, 리듬, 동작, 모양 등에 나타나는 규칙성을 경험하는 내용이다.

만 0~1세 영아의 경우는 일상에서 만나게 되는 물체의 수량에 관심을 가지는데, 사물이 있고 없음, 많고 적음에 관심을 가지고 탐구한다. 또한 자신의 주변 공간에 관심을 가지고 탐색하게 되는데, 영아가 기고, 걷고, 오르내리면서 혹은 여러 가지 장난감을 굴리거나, 던지거나, 탈것 등을 밀고 가는 행동 등을 통하여 공간을 탐색하고, 공, 블록, 그 외 다양한 형태의 장난감을 가지고 놀이할 때 이들의 모양을 탐색한다. 또한 하루 일과의 반복 또는 손씻기 등의 기본생활에서 규칙성을 익히거나 혹은 악기를 두드리고 음악을 들을 때 반복적인 규칙을 경험한다. 따라서 수, 공간과 도형, 규칙성과 관련된 경험을 하는 것을 주요 내용으로 삼는다.

3) 만 2세 영아를 위한 수학교육 내용

자연탐구 영역의 만 2세 영아를 위한 '생활 속에서 탐구하기' 내용범주에 포함된 수학적 탐구의 내용은 물체의 수량에 관심 가지기, 주변 공간과 모양을 탐색하기, 규칙성에 관심 가지기, 주변 사물을 같고 다름에 따라 구분하기다. 만 2세 영아를 위한 자연탐구의 내용 중 수학교육과 관련된 내용은 〈표 3-2〉와 같다.

표 3-2 제4차 표준보육과정의 만 2세 영아를 위한 수학교육 내용

내용범주	내용
생활 속에서 탐구하기	**물체의 수량에 관심을 가진다.** 2세 영아가 일상생활에서 익숙한 물체의 많고 적은 양을 구별하고, 수에 관심을 가지는 내용이다.
	주변 공간과 모양을 탐색한다. 2세 영아가 자신의 몸과 물체를 움직여 자신과 사물, 사물과 사물 간의 위치, 방향, 거리 등의 관계를 탐색하고, 주변에서 자주 접하는 물체의 모양을 탐색하는 내용이다.
	규칙성에 관심을 가진다. 2세 영아가 일상생활과 놀이를 통해 사물이나 사건, 자연의 변화가 일정한 순서로 반복되는 것에 관심을 가지는 내용이다.
	주변 사물을 같고 다름에 따라 구분한다. 2세 영아가 관심 있는 사물이나 놀이자료를 영아 나름대로 같고 다름의 기준에 따라 구분하는 내용이다.

만 2세 영아는 주변에서 늘 가지고 노는 공, 구슬, 블록 등의 친숙한 물체의 수에 관심을 가지고 누가 더 많은 구슬 혹은 블록을 가졌는지 등의 수량의 많고 적음을 구별하는데 관심을 가진다. 놀이할 때 소꿉놀이 도구나 블록의 모양을 탐색하고, 이들의 공간에서의 위치, 거리 및 굴러간 방향 등을 경험하고 탐색한다. 한편, 만 2세 영아도 일과 운영의 규칙성, 자연현상의 규칙적 변화 등을 경험하고 인지하게 된다. 이들은 주변 사물을 같고 다름에 따라 구별하는 경험을 하는데, 이는 분류하기의 초보적인 활동이라고 할 수 있다. 예를 들면, 아직 기준을 일관성 있게 적용하는 것은 아니지만 색깔이나 모양에 따라 구체물을 구분짓는 초보적인 분류하기 경험을 한다. 이들은 서로 다른 길이의 나뭇가지를 비교하는 일 혹은 다양한 크기의 인형을 비교하고 어느 것이 가장 큰지에 대하여서도 관심을 가지는데, 이는 비교하기/순서짓기의 기초활동이라고 할 수 있다.

2. 2019 개정 누리과정

1) 2019 개정 누리과정의 성격

2019 개정 누리과정은 2020년 3월부터 유치원 및 어린이집에 재원하는 만 3~5세 유아를 위한 공통의 국가수준 교육과정이다. 이 개정 누리과정은 각 유아 보육·교육기관에서 따라야 할 공통적인 기준을 국가수준에서 제시하고 있다. 하지만 각 지역, 보육·교육기관 및 개인 수준의 특성을 반영하여 교육과정을 재구성하여 융통적으로 운영할 수 있도록 자율성을 주고 있는 것이 특징이다. 유아의 전인적 발달과 행복을 최우선으로 하며, 건강한 사람, 자주적인 사람, 창의적인 사람, 감성이 풍부한 사람, 더불어 사는 사람을 인간상으로 추구하고 있다. 개정 누리과정의 큰 특징은 유아·놀이중심 교육과정을 표방하는 점이다(교육부·보건복지부, 2019a).

유아가 누리과정을 통하여 자연스럽게 경험하거나 경험해야 하는 교육내용을 신체운동·건강, 의사소통, 사회관계, 예술경험, 자연탐구 등의 5개 영역으로 나누어서 제시하고 있다. 표준보육과정이 기본생활 영역을 두어 6개 영역인 데 비하여 개정 누리과정은 기본생활과 관련되어 아직 더 경험해야 하는 내용은 신체운동·건강 영역에 포함되어 있어 5개 영역이다. 한편, 유아가 경험할 내용을 5개 영역으로 제시하고 있지만

5개 영역을 분절하여 특정 교과 또는 연령별로 가르쳐야 하는 세부 내용을 규정하는 것이 아니라 이들을 통합적으로 실행하여야 한다고 적시하고 있다. 유아의 놀이는 본질적으로 5개 영역의 내용을 통합적으로 포함하고 있어 유아가 놀이하면서 자연스럽게 5개 영역을 통합하여 경험하게 된다. 따라서 교사는 유아의 놀이를 존중함으로써 5개 영역의 통합을 실천할 수 있을 것이다.

개정 누리과정의 가장 큰 특징은 유아 및 놀이중심을 최우선으로 하는 교육과정이라는 점이다. 유아의 건강과 행복, 놀이를 통한 배움의 가치를 최대한 존중하고, 교사는 유아의 목소리에 귀 기울이며, 유아의 의견을 존중하고 반영하는 교육과정을 구성하고 운영해야 한다. 또한 유아는 자신의 흥미와 관심에 따라 즐겁게 놀이하는 과정에서 자연스럽게 배운다. 따라서 교사가 미리 계획한 활동을 중심으로 진행하는 교육이 아니라 유아가 자발적, 주도적으로 실행해 나가는 놀이가 바로 교육과정의 핵심이 되는 것이다.

개정 누리과정은 교육과정 5개 영역의 세부 내용을 간략화하여 최소한의 기준을 제시하였으며, 유아가 경험할 내용을 연령 구분 없이 제시하였다. 이는 유아 놀이의 특성을 반영하여 유아·놀이중심의 교육과정을 효율적으로 실현할 수 있도록 한 것이며, 이를 위하여 교사의 자율성을 존중한 것이다. 즉, 유아의 놀이는 예측하기 어렵고, 상황에 따라 다양하게 일어나므로, 교사가 유아의 놀이를 통한 배움을 최대한 지원하기 위해서는 자율성을 기반으로 상황에 적합한 판단을 해야 하기 때문에 교사의 자율성을 최대한 보장하는 것이 마땅하다. 또한 국가수준 교육과정에 최소한의 내용 기준을 제시함으로써 교사가 5개 영역의 교육과정을 유아의 놀이를 통하여 실천하기 쉽도록 하였다. 즉, 교사는 과다한 내용을 모두 가르쳐야 한다는 생각에서 벗어나서 교육과정의 간략한 내용을 놀이를 통한 배움과 연결할 수 있을 것이다. 또한 개정 누리과정에서 각각의 교육과정 내용을 연령별로 나누어서 제시하지 않음으로써 유아가 놀이하는 실제 경험을 중심으로 누리과정을 운영할 수 있다.

2) 만 3~5세 유아를 위한 수학교육 내용

개정 누리과정에서 수학교육과 관련 있는 자연탐구 영역은 3개의 내용범주를 두었다. 즉, '탐구과정 즐기기', '생활 속에서 탐구하기', '자연과 더불어 살기'의 내용범주로 구성되어 있다. '생활 속에서 탐구하기' 내용범주에는 과학적 탐구 내용과 함께 수학적 탐구 내용이 포함되어 있다. 유아들이 탐구할 내용은 유아의 실제 경험 및 자연발생적인 놀이를 존중하여 연령으로 구분하지 않고 만 3~5세의 모든 유아가 경험해야 할 내용으로 구성하였다. 따라서 교사는 각 내용을 유아의 놀이 특성과 연계하여 융통성 있게 실현할 수 있음을 이해하고, 유아의 놀이를 중심으로 교육과정을 실천할 수 있다. 만 3~5세의 유아를 위한 자연탐구의 내용 중 수학교육과 관련된 내용은 〈표 3-3〉과 같다.

표 3-3 개정 누리과정의 만 3~5세 유아를 위한 수학교육 내용

내용범주	내용
생활 속에서 탐구하기	**물체를 세어 수량을 알아본다.** 유아가 일상에서 수에 관심을 가지고, 수량을 세어 많고 적음 및 수량의 변화를 알아 가는 내용이다.
	물체의 위치와 방향, 모양을 알고 구별한다. 유아가 자신과 물체를 기준으로 앞, 뒤, 옆, 위, 아래 등 공간 안에서 위치와 방향을 알아 가는 내용이다. 유아가 주변 환경에서 네모나 세모, 둥근 기둥, 상자 모양 등을 찾고 다양한 모양에서 공통점과 차이점을 알아 가는 내용이다.
	일상에서 길이, 무게 등의 속성을 비교한다. 유아가 일상에서 길이나 무게 등 측정 가능한 속성을 알고, 이 속성을 기준으로 물체를 비교하여 순서 지어 보는 내용이다. 이 과정에서 유아는 자신의 신체를 비롯하여 다양한 물체를 활용하고, 다양한 비교 어휘를 사용하면서 순서를 지어 보는 내용이다.
	주변에서 반복되는 규칙을 찾는다. 유아가 생활 주변에서 사물이나 사건의 양상이 일정한 순서로 반복 배열되는 것에 관심을 갖고 즐기며, 반복되는 배열에 숨어 있는 질서와 규칙을 발견하여 다음에 올 것이 무엇인지를 예측하는 내용이다.
	일상에서 모은 자료를 기준에 따라 분류한다. 유아가 일상생활에서 흥미와 관심에 따라 필요한 자료를 다양한 방법으로 모으고, 수집한 자료의 공통점과 차이점을 탐색하며, 이를 하나 또는 그 이상의 다양한 기준(예: 모양, 크기, 색깔 등)에 따라 정리하고 조직해 보는 내용이다.

　생활 속에서 탐구하기 내용 중에서 수학 탐구와 관련된 내용은 '물체를 세어 수량을 알아보기', '물체의 위치와 방향, 모양을 알고 구별하기', '일상에서 길이, 무게 등의 속성을 비교하기', '주변에서 반복되는 규칙을 찾기', '일상에서 모은 자료를 기준에 따라 분류하기'의 다섯 가지 내용 기준이 있다. 한편, 『2019 개정 누리과정 해설서』를 보면 이러한 각각의 내용을 더 자세하게 설명하고 유아 경험의 실제를 제공함으로써 현장에서의 실제적인 모습을 이해할 수 있도록 돕고 있다.

　먼저, '물체를 세어 수량을 알아보기'는 수와 연산에 관한 내용으로서 유아가 일상에서 수에 관심을 가지고, 수량을 세어 많고 적음 및 수량의 변화를 알아보는 내용이다. 이는 유아 주변 생활에서 사용되는 수가 가지는 의미를 알고 이를 활용하는 것으로 아파트 엘리베이터에 표시된 숫자들과 자동차 번호판에 있는 숫자 등 생활 속에서 숫자가 가지는 의미를 알아 가는 내용이다. 또한 수세기와 수량의 변화에 관한 내용은 유아가 사물의 수량을 알기 위해 수세기를 하고 이런 방법으로 수량의 많고 적음을 비교하며 수량의 변화를 알아 가는 내용이다. 유아들은 놀이에서 혹은 일상생활에서 수와 관련된 문제에 직면할 때 수세기를 활용하고 수량을 비교할 수 있게 된다.

　다음으로 '물체의 위치와 방향, 모양을 알고 구별하기'는 공간과 도형에 관한 내용으로서, 먼저 유아는 자신과 물체를 기준으로 앞, 뒤, 옆, 위, 아래 등 공간 안에서 위치와 방향을 알아 가는 내용이다. 또한 주변 환경에서 네모나 세모, 둥근 기둥, 상자 모양 등을 찾고 다양한 모양에서 공통점과 차이점을 알아 가는 내용이다. 공간에 관한 내용은 자신을 중심으로 공간에서의 위치와 방향을 알고, 좀 더 발전되면 물체를 중심으로 공간에서의 위치와 방향을 알아 가는 것을 포함한다. 위치는 앞, 뒤, 옆, 위, 아래의 기본적인 위치를 이해할 것을 제안하였고, 이와 관련된 방향으로서 앞으로, 뒤로, 옆으로, 위로, 아래로 등과 같은 방향에 대한 이해를 가지는 내용이다. 도형에 관한 내용은 네모, 세모, 동그라미 등의 기본 평면도형 및 둥근 기둥, 상자 모양, 공 모양 등의 기본 입체도형을 구별해 내고, 그 특징과 차이를 알아 가는 것이다.

　'일상에서 길이, 무게 등의 속성을 비교하기'는 측정에 관한 내용으로서 유아가 일상에서 길이나 무게 등 측정 가능한 속성을 알고, 이 속성을 기준으로 물체를 비교하여 순서 지어 보는 내용이다. 이 과정에서 유아는 자신의 신체를 비롯하여 다양한 물체를 활용하고, 다양한 비교 어휘를 사용하면서 순서를 지어 본다. 이는 유아가 생활 주변에서 접하는 사물들 간의 크기나 길이, 무게, 양을 비교하기 위해 그 사물의 측정 속성을 인식하고, 생활 주변에 있는 나무 적목이나, 손 뼘이나 발 크기 등의 임의단위를 활용하여 일상생활에서 자연스럽게 측정활동을 경험하고, 그 결과를 '길다/짧다, 무겁다/가볍다, 똑같다' 등의 용어를 사용하여 표현하는 것이다.

'주변에서 반복되는 규칙을 찾기'는 규칙성에 관한 내용으로서 유아가 생활 주변에서 사물이나 사건의 양상이 일정한 순서로 반복 배열되는 것에 관심을 갖고 즐기며, 반복되는 배열에 숨어 있는 질서와 규칙을 발견하여 다음에 올 것이 무엇인지를 예측하는 내용이다. 유아가 일상생활, 활동 및 놀이에서 경험하는 규칙성은 무늬, 색상, 사물 등의 규칙적 배열, 동작이나 율동의 규칙적 반복 및 시간의 경과에 따른 일과의 규칙성 등을 발견해 내고, 더 나아가 이러한 배열에서 앞으로 나타날 규칙성을 예측하는 내용까지 포함하고 있다.

'일상에서 모은 자료를 기준에 따라 분류하기'는 자료분석에 관련된 내용으로서 유아가 일상생활에서 흥미와 관심에 따라 필요한 자료를 다양한 방법으로 모으고, 수집한 자료의 공통점과 차이점을 탐색하며, 이를 하나 또는 그 이상의 다양한 기준(예: 모양, 크기, 색깔 등)에 따라 분류하고 조직해 보는 내용이다. 이는 유아가 필요한 정보와 자료를 모으기 위해 질문, 책, 관찰 등의 다양한 방법 중에서 가장 적절한 방법을 선택하여 자료를 모으고, 모은 정보를 분석하여 필요한 결론을 이끌어 내는 것이다. 이 과정에서 자료를 어떤 방법으로 정리하면 좋을지 생각하고 한 가지 방법이 아니라 다양한 자료의 분류와 정리 기준을 알아보고 가장 적절한 분류기준을 찾아보는 경험을 하는 내용이다. 수집된 자료를 분류된 기준에 따라 유목별로 분류한 다음 그림, 기호나 숫자를 사용해서 그래프로 나타내 볼 수 있다.

놀이중심 영유아 수학교육

제2부

영유아 수학능력 발달 및 교육내용

　제2부에서는 영유아 수학능력 발달 및 수학교육 내용에 관한 것들을 다룬다. 영유아의 수학능력과 수학교육 내용을 수와 연산, 공간과 도형, 측정, 규칙성, 자료분석의 다섯 가지 영역을 중심으로 전개해 나갈 것이다. 영유아 수학능력의 발달은 지금까지의 연구에 기초하여 각 영역 내에서 연령별로 발달되어 가는 정도를 알아본다. 영유아 수학교육 내용은 제4차 어린이집 표준보육과정과 2019 개정 누리과정을 기반으로 영아와 유아가 놀이, 문제해결 활동, 일상생활 경험을 통하여 습득하는 내용에 관하여 다룬다. 제4차 표준보육과정과 개정 누리과정이 유아 주도의 놀이를 통해 배움을 구현한다는 입장을 표방하고 있기 때문에 내용 기준을 간략화하여 제시하고 있다.

　여기에 제시된 내용은 교사의 가르침 중심이 아니라 영유아의 배움 중심의 교육적 접근에 근거한다. 즉, 영유아 수학교육의 내용은 교사가 가르쳐야 할 내용이 아니라 영유아가 경험하며 스스로 배우는 내용이다. 따라서 국가수준의 공통기준을 최소화하고, 교사에게 자율권을 주고 있다. 특히 영유아의 놀이는 예측하기 힘들고, 상황에 따라 다양하게 일어나기 때문에 교사는 영유아의 놀이 흐름에 따라 가장 적합한 지원이 무엇인지 순간순간에 판단하여 제공하여야 한다. 이러한 국가수준 교육과정 방향에서 교사가 영유아의 놀이에서 나타날 수 있는 수학의 내용을 파악하고 적절하게 지원하기 위해서는 영유아 수학교육의 내용을 충분히 알고 있어야 한다. 즉, 제4차 표준보육과정과 2019 개정 누리과정에서는 영유아가 경험할 내용을 간략하게 제시하고 있지만, 교사는 영유아 수학교육의 5개 영역을 중심으로 영유아가 성취할 가능성이 있는 내용을 광범위하게 알아야 하고, 각 연령대의 영유아에게 적합한 수학교육의 내용을 구체적으로 알고 있어야 한다. 따라서 제2부에서는 교사가 알아야 하는 영유아 수학교육의 내용에 대하여 기술할 것이다.

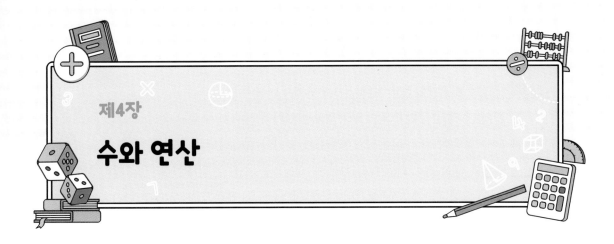

제4장

수와 연산

수학교육에서 가장 기초가 되는 것은 수에 대한 이해다. 어린 영아도 내가 가진 젤리가 언니의 젤리보다 더 많은지 알기 위해서 수량에 관심을 가지고 탐색한다. 어린 영아는 형식적으로 수세기를 하지 않더라도 적은 수의 구체물일 경우 수량의 많고 적음을 알아차릴 수 있다. 수학의 학문적 체계에서 살펴보면, 이는 수와 연산 영역에서 다루게 된다. NCTM(2000)에서는 취학 전-유치반-초등학교 2학년을 위하여 제시한 수와 연산의 내용 기준으로 수세기와 수의 관계 및 수 체계를 이해하기, 수와 연산의 의미 이해 및 연산에서 두 수 간의 관계를 이해하기, 능숙하게 계산하고 합리적으로 어림하기를 제시하였다. 또한 NAEYC와 NCTM(2002)은 영유아기 수와 연산 교육의 주요 내용으로 수세기와 수세기에 기초한 더하기와 빼기를 들고 있다.

우리나라 만 3세 미만의 영아를 위한 제4차 표준보육과정에서는 영아가 물체의 수량에 관심 가지기로 제시하고 있다. 그리고 만 3세부터 만 5세까지의 유아를 위한 2019 개정 누리과정에서는 물체를 세어 수량을 알아보도록 제안하고 있다. 즉, 영아가 물체가 있다가 없어지는 경험을 하면서 물체의 있고 없음과 물체의 많고 적음에 관심을 가지며, 일상생활에서 익숙한 물체의 수량을 구별하고 수에 관심을 가지는 내용이다. 유아는 일상에서 수에 관심을 가지고 물체를 세어 비교하고 수량의 변화를 알아보는 내용이다. 즉, 유아기에는 구체적인 경험을 통하여 수의 다양한 의미를 이해하게 되는데, 예를 들어 버스 번호에 붙여진 수와 사물의 개수를 위해 사용된 수는 다른 의미를 가진다는 것을 이해하게 된다. 또한 일상의 경험 및 놀이 속에서 더 많거나 더 적은 수들 사이의 관계를 체험하며, 수세기 등을 이용한 비형식적 연산을 하면서 수 개념을 발달시키는 등 일상생활에서 수를 효율적으로 사용하는 것에 중점을 둔다.

영유아기에는 일반적으로 일상생활 속에서 구체적인 사실과 경험을 통한 수 개념 이해와 수 활용이 필요하다. 즉, 영유아가 놀이나 일상생활과 활동 속에서 수 및 수량을 탐색하고 비교하며, 다양한 상황에서 사용되는 수를 경험하면서 수의 의미를 이해하고, 또한 일상생활과 놀이에서 수를 활용해 보는 경험을 갖는 것이 중요하다. 영유아는 수 및 수량, 수의 관계, 수세기 및 비형식적 연산 등이 포함된 다양한 놀이, 일상생활 또는 활동을 경험하고, 자신의 비형식적 수학 지식을 활용하여 일상생활에서 부딪히는 문제를 해결하는 경험을 가지는 것이 바람직하다.

1. 수의 의미와 활용

우리가 사용하는 자연수는 다음과 같이 상황에 따라 여러 가지 다른 의미를 가지고 활용된다.

1) 기수

'한 바구니에 사과가 다섯 개 들어 있어.'와 같이 한 집합에 속한 사물의 수량을 나타내기 위해 수를 사용한다. 이런 경우 수세기를 할 때 사용하는 수 이름은 사물의 수량을 의미한다. 한 집합의 사물을 셀 때 마지막 수 이름이 그 집합의 수량이다. 이러한 상황에 사용되는 수를 기수(cardinal number)라고 한다.

2) 서수

'세 번째 줄에 서 있는 친구는 지훈이야.'와 같이 사물의 차례를 세거나 순서를 나타내기 위해 수를 사용한다. 이러한 경우에 사용되는 수를 서수(ordinal number)라고 한다.

3) 이름수

'나는 4번 야구선수가 좋아.' 혹은 '12번 버스는 우리 집으로 가.'와 같이 사물의 이름 대신 수를 사용하여 사물을 명명하는 목적으로 사용된다. 이때에 사용되는 수는 그 사물의 이름을 대신 나타내기 때문에 이름수라고 한다.

이와 같이 일상생활에서 수가 수량이나 순서, 이름 등의 다양한 의미로 사용됨을 이해하고, 이들을 활용하는 경험을 통해 수학적 감각과 수 개념을 발달시킨다.

2. 수세기

만 3세 이전의 영아는 적은 수의 사물이 있을 때 수세기를 통하여 그 개수를 알기도 하지만 대부분 즉지하기(subitizing)를 통해 그 개수를 파악한다. 즉지하기는 사물을 세지 않고 한번에 구체물의 수량을 파악하는 능력을 말한다. 즉지하기로 셀 수 있는 수의 범위는 영유아의 발달에 따라 다르지만 영아는 3개 이하의 사물을 즉지하기로 파악하고, 조금 더 성장하면 5개 이하 혹은 조금 더 많은 수도 파악한다(Cooper, 1984; Starkey & Cooper, 1995).

즉지하기로 한번에 파악하기 어려울 정도로 많은 사물의 수량을 알기 위해서는 수세기가 필요하다. 수세기는 각 사물에 수 이름을 하나씩 붙여서 세는 절차다. 영유아는 흔히 자신이 수를 셀 수 있다고 말하지만, 단순히 수 이름을 순서대로 말하는 것으로 수세기를 한다고 생각하기도 한다. 하지만 사물의 수량, 즉 '얼마나 많은지'를 알기 위해서는 헤아려려 할 사물에 하나의 수 이름을 대응시켜 셀 때 정확한 수량을 파악할 수 있다.

1) 언어적 수세기와 합리적 수세기

영유아의 수세기는 사물을 직접 세지 않으면서 단순히 수 이름을 순서대로 말하는 언어적 수세기(oral counting)와 사물을 직접 세는 합리적 수세기(rational counting, 물체 세기)로 구분된다. 즉, 사물을 세는 것과 관계없이 말로만 "하나, 둘, 셋, 넷, 다섯……." 하면서 수 이름을 순서대로 암송하는 것은 언어적 수세기이고, 사물을 세기 위하여 각 사물에 수 이름을 대응시켜서 "하나, 둘, 셋, 넷, 다섯……."이라고 하는 것은 합리적 수세기이다. 이때에 영유아는 주로 사물을 보면서 손으로 짚거나 가리키면서 수세기를 한다.

　대체로 영유아가 수 이름을 알게 되면서 언어적 수세기가 가능해지고, 그 이후 사물을 직접 세는 합리적 수세기를 할 수 있게 된다. 일반적으로 언어적 수세기의 경우 만 3세경에 10까지 셀 수 있으며, 만 4세 정도에는 30까지 셀 수 있고, 만 5세경에는 100까지 셀 수 있는 것으로 나타났다(Fuson & Ho, 1998; Siegler, 1998). 우리나라 유아들은 대개 만 4세경에 1에서 10까지 합리적 수세기를 할 수 있고(나귀옥, 2002), 만 5~6세 유아들은 30까지의 수를 합리적으로 셀 수 있으며, 그 이상의 큰 수를 세는 데 관심을 가진다고 하였다(홍혜경, 2004). 동작이나 소리와 같은 추상적 대상물은 구체물 세기보다 늦게 발달하지만 나이 든 유아들은 대체로 셀 수 있는 것으로 나타났다(김경희, 1996; Wynn, 1990). 최근의 문헌과 연구결과에 따르면 영유아의 많은 수세기 경험은 수 개념 발달에 도움이 되는 것으로 보인다.

2) 수세기의 원리

　영유아가 사물을 합리적으로 세기 위해서는 다음의 다섯 가지 수세기 원리를 습득해야 한다(Gelman & Gallistel, 1978).

• 안정된 순서의 원리

　배열된 사물과 대응시키는 수 이름은 순서화되어야 하고, 그 순서는 일정불변해야 한다. 즉, 수를 1, 2, 3, 4, 5와 같이 일정한 순서대로 붙여 나가야 한다.

• 일대일 대응의 원리

하나의 사물에 단 하나의 유일한 수 이름을 붙여야 한다. 이 원리를 사용하여 수세기를 할 때 영유아는 대체로 수 이름을 소리 내어서 세거나, 손가락으로 사물을 짚으면서 세는 경향이 있다. 이런 방법들이 영유아의 일대일 대응을 쉽게 할 수 있도록 한다. 그러나 일대일 대응 원리를 습득하지 못한 영유아는 배열된 사물을 되풀이하여 세거나 빠뜨리며 세고, 두 개의 사물에 하나의 수 이름을 붙이거나 하나의 사물에 두 개의 수 이름을 중복해서 부여하는 등, 이 과정을 완전하게 협응시키지 못함으로써 정확한 수세기를 하지 못한다.

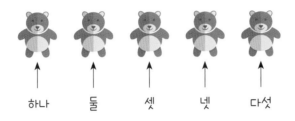

• 추상화의 원리

추상화의 원리는 어떤 종류의 사물이든 그 크기가 다르거나 특성이 각기 다를지라도 수세기 활동을 위한 하나의 집합 원소로 사용될 수 있으며, 어떤 사물이든지 수세기 대상이 될 수 있다는 것이다. 즉, 서로 같은 종류의 사물뿐만 아니라 서로 다른 종류의 사물, 사건, 경험, 동작, 소리와 같은 추상적인 것들도 수세기가 가능하다는 것을 이해하는 것이다. 수 개념이 발달된 유아는 서로 다른 사물로 구성된 집합이 큰 수가 아니라면 이를 적절하게 셀 수 있다. 즉, 3개의 축구공과 2개의 자동차를 보고 "여기에 있는 것은 모두 몇 개일까?" 하고 질문하면, 축구공과 자동차를 합쳐서 5개라고 답할 수 있다.

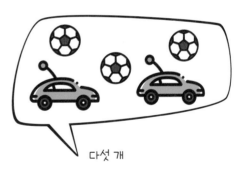

• 기수의 원리

기수의 원리는 수세기 과정에서 마지막 수 이름이 세고 있는 사물의 전체 수량을 나타낸다는 것을 이해하는 것이다. 이는 영유아가 수세기 과정과 한 사물 집합의 전체 수

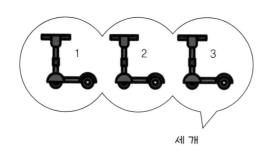

세 개

량을 연결시키는 원리다. 이러한 기수의 원리를 이해하려면 일대일 대응의 원리와 안정된 순서의 원리를 습득하여야 한다. 만 3~5세 유아에게 5~7개의 사물로 구성된 한 집합을 헤아리게 한 후 그 사물들을 가리키면서 "몇 개가 있니?"라고 질문하면, 대부분의 유아는 그들이 센 마지막 수 이름을 정확하게 대답한다(Schaeffer, Eggleston, & Scott, 1974).

• 순서 무관계의 원리

순서 무관계의 원리는 여러 가지 형태로 배열되어 있는 사물들을 어떤 순서로 수세기를 하더라도 그 결과에는 변화가 없다는 것이다. 즉, 사물을 수세기 할 때 왼쪽에서 오른쪽으로 세어 나가든지, 위에서 아래로 세어 나가든지 그 순서와 무관하게 똑같은

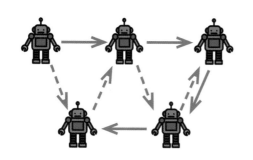

개수임을 알아야 한다. 순서 무관계의 원리는 앞에 제시한 네 가지 수세기의 원리에 위배되지 않는 한 사물의 배열에 상관없이 어떤 순서로 세어도 그 결과에는 변화가 없다는 것이다. 수 개념이 발달된 유아는 순서 무관계의 원리를 어느 정도 이해하는 것으로 보인다.

영유아가 합리적 수세기를 하기 위해서는 이러한 다섯 가지 수세기 원리를 이해하여야 한다. 즉, 영유아는 수세기를 통해 수 이름의 순서를 배워야 하며, 하나의 사물에 하나의 수 이름을 대응시켜야 한다. 또한 서로 다른 사물로 구성된 집합에서도 수세기를 할 수 있어야 하며, 수의 수량적 의미인 기수 개념을 이해하여야 한다. 마지막으로 수세기를 할 때 사물의 배열에 따라 수량이 달라지지 않아야 한다.

수 이름 획득은 수세기에 있어서 기초가 된다. 영유아는 수 이름을 학습할 때 1에서 10까지는 주로 기계적으로 암기해야 하지만 그 이상의 수에는 1~9까지의 수 이름이 규칙적으로 반복해서 적용된다는 것을 이해하게 된다. 고유한 수 이름과 한자 수 이름의 이중적인 수 이름체계를 갖고 있는 우리나라 영유아는 만 2세를 전후하여 고유 수 이름(하나, 둘, 셋)을 먼저 획득하지만 만 5세경에는 한자 수 이름(일, 이, 삼)을 고유 수

이름보다 더 많이 획득한다. 이는 수 이름 생성규칙이 고유 수 이름보다 한자 수 이름에서 더 규칙적으로 생성되어 규칙을 적용하기가 더 쉽기 때문이다(홍혜경, 1990). 그러나 수 이름의 이중적 체계는 동일한 크기의 수에 서로 다른 이름체계가 있음을 인식하고 이 둘을 연결할 수 있어야 하므로 영유아의 수 개념 발달에 혼란을 가져오기도 한다(송명자, 1990).

3. 수의 관계

인간은 양에 대한 뛰어난 민감성을 가지고 태어난다(Gelman, 1990). 사물의 수량에 대한 영유아의 이해는 출생 시부터 가지고 있는 근본적인 감각이다. 이러한 타고난 민감성과 일상생활 속에서 수와 관련된 경험을 통해 수들 간의 관계를 인식하고 수량을 다루는 능력이 발달하면서 수 개념에 대한 이해가 확대되어 간다.

1) 수량의 비교

영유아는 수의 수량적 의미를 이해하면서 사물의 집합을 비교하여 어느 것이 더 많은지, 더 적은지, 똑같은지를 알아 간다. 이런 수량의 비교에서 어린 영유아는 겉으로 보이는 시각적인 단서를 바탕으로 직관적으로 수량의 크기를 인식하기 시작하고, 두 집단 간의 차이가 큰 경우에 '더 많은/더 적은'의 관계를 탐색하게 된다. 이들은 점차적으로 차이가 적은 두 집단 간의 크기를 비교하고 그 관계를 이해하게 된다. 교사는 영유아가 집단의 크기를 비교할 때 일대일 대응을 사용하거나 수세기를 활용하여 수량의 비교를 경험하도록 격려하거나, 같은 수의 집합을 만들어 보게 하거나, 이어 세기와 거꾸로 세기를 통해 '하나 더 많은/하나 더 적은'의 관계에 주목할 수 있도록 도와주는 것이 바람직하다.

2) 수의 부분과 전체

수의 부분과 전체 관계의 이해란 특정 수량이 2개 또는 그 이상의 수량적 부분들로

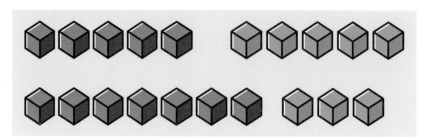

●그림 4-1● **수의 부분과 전체**

구성됨을 이해하는 것을 말한다. 예를 들어, 10개의 끼우기 블록은 빨간색 블록 5개와 파란색 블록 5개로 이루어지거나 빨간색 블록 7개와 파란색 블록 3개로 이루어짐을 이해하는 것이다([그림 4-1] 참조). 이러한 수의 부분과 전체 관계를 이해하게 되면 영유아의 수 개념과 문제해결능력이 높아진다.

3) 수의 표상

영유아는 수 개념의 이해를 바탕으로 놀이 경험이나 자신의 문제해결의 결과를 친구들과 공유하기 위해서 표상하게 된다. 영유아의 수 개념 표상능력은 그림 표상, 언어 표상, 숫자나 기호 표상 순으로 발달한다(홍혜경, 1999). 홍혜경(1999)의 연구에서 영유아의 연령별 수 개념 표상유형의 발달을 보면, 만 3세 이하의 영유아는 대체로 수량적 관계를 표상할 수 없고, 만 4세 유아는 그림 표상은 가능하지만 숫자나 언어 표상은 매우 미흡한 편이라고 보고하였다. 그리고 만 5세 유아는 언어와 숫자 표상의 획득 과정에 있으며, 만 6세 유아도 언어와 숫자 표상에 여전히 어려움을 가지고 있다고 하였다.

그러나 다음의 최근 우리나라 유치원 현장에서 수집한 자료를 보면, 만 3세 유아는 그림으로 수량적 관계를 표상할 수 있었고, 만 4세 유아는 숫자 표상에는 익숙하지만 언어 표상(문어)은 어려워하였으며, 만 5세 유아는 글자로 쓰는 언어 표상을 쉽게 하는 것으로 나타났다. 이는 최근에는 영유아가 일상생활 환경에서 수량을 나타내는 것으로서 언어(문어)보다 숫자를 더 쉽게 접할 수 있기 때문인 것으로 보인다. 예를 들어, 아주 어린 영아기부터 리모컨, 휴대전화, 엘리베이터 등의 숫자를 가까이에서 친숙하게 접하고 있다. 또한 영유아는 숫자 쓰기를 한글 쓰기보다 더 쉽게 배울 수 있기 때문에 숫자 표상이 더 먼저 나타난다고 생각된다.

수량적 관계를 표상할 수 없음(만 2세)

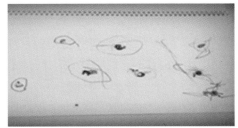

그림으로 수량적 관계를 표시함(만 3세)

숫자로 표상함(만 4세)

언어로 표상함(만 5세)

●그림 4-2● **수의 표상 발달**

4. 연산

　영유아도 일상생활에서 더하거나 덜어 내는 경험을 하면서 수 연산에 대해 기초적인 이해를 쌓아 간다. 영유아는 어떤 집합에서 덜어 내면 그 수가 감소하고, 더하면 수가 증가한다는 것을 이해한다(Clements, 2004). 어떤 수에 하나를 더하면 그것이 다음에 오는 더 큰 수와 같고, 어떤 수에 하나를 빼면 그 이전의 더 작은 수와 같다는 수들 간의 관계를 파악한다면 더하기와 빼기를 쉽게 이해할 수 있게 될 것이다(Greenberg, 1994).

　영유아는 초보적인 더하기 및 빼기를 위하여 다양한 전략을 사용한다. 어린 영유아는 더하거나 빼기를 할 때 구체물 세기를 활용하거나 혹은 구체물을 사용할 수 없는 경우 자신의 손가락 등의 대체물을 셈으로써 더하거나 빼기를 한다. 더 성장하면 머릿속으로 두 집합의 사물을 더하거나 뺄 수 있게 될 것이다. 다음에서 보듯이 더하기와 빼기에 여러 가지 수세기 전략을 사용하는데, 연령이 증가함에 따라 더 발전된 수세기 전략을 사용한다.

1) 더하기

먼저, 더하기 상황에서 유아가 사용하는 수세기 전략은 다음과 같다.

• 모두 세기

제시된 문제의 순서에 따라 수세기를 하는데 각 집합의 사물(가수와 피가수)을 각각 세고 난 다음 전체의 수량을 알기 위해 처음 집합(가수)부터 더해진 집합(피가수)까지 모두 이어서 다시 센다. 이때 구체물이 주어지지 않은 경우 손가락을 대신 사용하여 수세기를 하는 손가락 세기(counting fingers)를 하기도 한다.

• 첫 수부터 이어 세기

첫 가수의 수량을 나타내는 수 이름부터 시작하여 더해지는 수(피가수)를 이어 센다. 이는 유아가 머릿속으로 수세기 전략을 사용할 수 있다는 것을 의미한다. 예를 들어, 3+4의 구체물 세기에서 '셋'부터 시작하여, '넷, 다섯, 여섯, 일곱이니까' 모두 '일곱'이라고 답하는 것을 말한다.

• 큰 수부터 이어 세기

제시되는 순서에 영향을 받지 않고 두 가수 중 더 큰 가수의 수량부터 시작하여 수세기를 시작한다. 예를 들어, 3+4 구체물 세기에서 큰 가수인 '넷'으로 시작하여, '다섯, 여섯, 일곱이니까', '일곱'이라 말한다. 이러한 전략은 유아가 보다 효율적으로 셈을 하는 것이다.

2) 빼기

빼기 상황에서 유아가 사용하는 수세기 전략은 다음과 같다.

• 덜어 내기

구체물을 사용하여 처음 제시된 수(피감수)에서 나중의 수(감수)를 덜어 내고 나머지를 센다. 예를 들어, 5-2의 빼기 상황에서 유아는 5개의 구체물에서 먼저 2개의 구체물을 덜어 내고 난 후 남은 구체물을 '1, 2, 3'으로 세고 답은 '3개'라고 하는 것이다.

• 감수에서 피감수까지 세어 올라가기

빼는 수(감수)에서 제시된 수(피감수)까지 세어 올라가는 방법이다. 예를 들어, 5개에서 2개를 뺄 때 2부터 시작하여 5가 될 때까지 세는 것으로서 '3, 4, 5니까' 답은 '3개'라고 하는 것이다. 이는 머릿속 수세기 전략이라 할 수 있다.

• 피감수에서 감수까지 거꾸로 세기

제시된 수(피감수)에서 빼는 수(감수)까지 거꾸로 세어 가는 방법이다. 즉, 7에서 3을 뺄 때 '6, 5, 4, 3'이라고 하면서 3이 될 때까지 세어 간다. 이는 수 이름을 거꾸로 짚어 가야 하며, 정신적으로 높은 수에서 낮은 수로 가는 역방향 수 이름을 기억해야 하는 어려운 과제다.

우리나라 유아의 빼기 전략에 대한 연구에서 만 5세 유아 대부분은 빼기 연산을 위하여 수세기 전략 중에서 덜어 내기 전략을 사용하였으며, 정신적 표상이 필요한 감수에서 피감수까지 세어 올라기기(counting up), 피감수에서 감수까지 거꾸로 세기(counting down) 등의 전략은 적게 나타났다(김경철, 1992).

수와 연산 관련 경험 및 활동

영유아는 보육·교육기관에 입학하기 전에 이미 수에 대한 상당한 지식을 가지고 있다. 이는 일상생활의 경험을 통해서 비형식적으로 획득된 것들이다. 이러한 비형식적 수학 지식은 영유아 보육·교육기관에서 수 및 연산과 관련된 개념을 획득하는 바탕이 된다. 이러한 경험을 바탕으로 영유아가 일상생활, 놀이 및 활동에서 직면한 문제 상황에서 수와 연산의 개념을 활용하여 문제를 해결할 수 있게 된다.

영아기에는 일상생활 주변의 친숙한 물체의 수량의 많고 적음을 비교하면서 수에 관심을 가진다. 영아들도 그 수가 크지 않을 경우 좋아하는 간식 수량의 많고 적음을 구별할 수 있으며, 이를 서로 비교한다. 따라서 교사는 좋아하는 간식이나 장난감을 줄 때 "하나, 둘, 셋"이라고 하면서 함께 세어 보거나 "어느 것이 더 많을까?"라는 질문을 통해 영아들이 수 및 수량의 비교에 관심을 가지도록 도와야 한다.

　수의 의미에 대한 이해를 발달시키기 위해 먼저 영유아가 일상생활에서 다양하게 수를 사용해 봄으로써 수의 여러 가지 의미를 이해할 수 있게 된다. 영유아는 자신의 나이, 아파트 층, 전화번호 등 생활 속에서 흔히 접하는 수에 관심을 가진다. 교사는 영유아가 이야기 나누기 시간에 오늘 날짜를 알기 위하여 달력의 숫자를 관찰하고, 생일이나 나이, 집 전화번호, 우리 집 자동차 번호판의 숫자 등 유아 자신과 관련된 숫자를 사용하도록 격려한다. 예를 들어, 친구 전화번호를 적어 와서 '친구 전호번호부' 만들기를 하거나, 부모님의 휴대전화 번호를 적고 외우는 경험을 해 본다.

　수세기의 발달을 위해서는 영아들은 적은 수의 구체물을 세거나 즉지하여 그 수량의 많고 적음을 알아보는 경험이 도움이 된다. 연령이 증가함에 따라 더 많은 수의 구체물을 세어 보는 경험이 필요하다. 예를 들면, 유아기가 되면 주사위를 굴려서 주사위에 나타난 숫자만큼 장난감을 가져오는 놀이를 하거나, 산책 중에 주워 온 자연물을 세어 보는 경험을 할 수 있다.

　수의 관계에 대한 이해는 사물들의 집합 크기를 비교하여 '같다, 더 많다, 더 적다'와 같은 관계를 탐색함으로써 사물의 많고 적음에 대한 이해를 발달시킬 수 있다. 두 집합 간의 사물의 많고 적음을 비교할 때 일대일 대응과 수세기를 활용할 것을 제안한다. 예를 들어, 유아들이 산책활동에서 아카시아 잎을 따서 아카시아 잎의 개수를 세어 보고 어느 친구가 가진 것에 더 많은 잎이 달려 있는지 알아본다. 좀 더 나이가 든 유아들은 같은 수의 아카시아 잎을 가진 유아끼리 짝을 지어 가위바위보를 하고 이긴 사람이 아카시아 잎을 한 장씩 떼도록 하여, 모든 잎을 먼저 떼는 사람이 이기는 게임을 할 수도 있다.

　또한 영유아는 10 이하의 작은 수의 다양한 구체물을 활용하여 수의 부분과 전체의 관계를 탐색하는 경험을 하는 것이 바람직하다. 예를 들어, 8개의 구슬로 이루어진 목걸이를 탐색하고, 파란 구슬 4개와 노란 구슬 4개를 합쳐서 8개의 구슬로 된 목걸이를 만들어 보기도 하고, 파란 구슬 5개와 노란 구슬 3개를 사용하여 8개의 구슬로 된 목걸이를 만들어 보는 경험을 통해 영유아는 수의 부분과 전체의 관계를 점차 이해하게 된다.

●그림 4-3● **수의 부분과 전체**

수 연산의 발달을 위해 유아는 인형, 블록, 과자 등 그들에게 의미 있는 생활 주변의 구체물을 가지고 더하고 덜어 내는 경험을 함으로써 더하기 빼기의 기초를 쌓는 것이 좋다. 이때 종이 위에 숫자를 사용한 형식적 더하기와 빼기가 아니라 구체물을 실제로 더하고 덜어 내는 활동을 하고, 그 과정과 결과를 영유아의 수 개념 발달 정도에 따라 그림 혹은 기호, 숫자 등을 이용하여 종이에 표상하는 활동을 하는 것이 바람직하다. 전조작기 유아는 이러한 구체물을 활용한 더하고 빼는 경험을 통하여 연산의 기초 개념을 획득할 수 있다.

제5장
공간 및 도형

영유아기 교육내용으로서 공간 및 도형은 주로 공간에서의 위치와 방향, 그리고 여러 가지 모양에 관한 것이다. 즉, 공간에 대한 이해는 개인이 현존하고 있는 공간에서 자신, 다른 사람 혹은 사물과의 공간적 관계에 관한 것으로서 앞, 뒤, 옆, 위, 아래 등의 위치 및 앞으로, 위로 등의 방향에 관한 내용이다. 도형에 대한 이해는 우리가 현실 세계 혹은 그림책에서 마주치게 되는 선물상자, 공, 음료수 캔 등 3차원 입체도형 및 세모, 네모, 동그라미 등의 2차원 평면도형에 관련된 것이다.

이 공간 및 도형은 수학의 학문적 체계에서 기하영역에 속한다. NCTM(2000)이 취학전-유치반-초등학교 2학년을 위하여 제시한 기하교육의 내용 기준은 기하도형, 위치와 공간적 관계, 변형 및 대칭, 시각화와 공간적 추리 및 기하학 모델링의 사용으로 구성되어 있다. 이 네 가지 영역 중에서 영유아기 기하교육의 주요 내용은 기하도형과 위치와 공간적 관계에 관한 것이라고 할 수 있다. NAEYC와 NCTM(2002)는 영유아기 공간 및 도형 영역의 교육내용으로 다양한 2차원 및 3차원 도형 인식 및 명명, 도형의 속성 인식, 도형의 조합, 위치와 공간관계 및 친숙한 장소 지도 만들기 등을 제시하고 있다.

우리나라 영아를 위한 제4차 표준보육과정에서는 '주변 공간과 모양을 탐색'하도록 안내하고 있으며, 만 3세부터 만 5세 유아를 위한 교육과정인 2019 개정 누리과정에서는 '물체의 위치와 방향' 및 '모양'을 알고 구별하기를 제시하고 있는데, 이는 '공간 및 도형'을 주요 교육내용으로 삼고 있음을 의미한다. 따라서 이 장에서는 영유아가 습득하여야 할 내용으로 간략하게 '공간 및 도형'이라고 한다. 영아기부터 주변 현실에서 공간과 도형을 인식해 나가기 시작하고, 유아기 말기가 되면 적절한 수준의 도형의 조합과 분해를 비롯하여, 변환 및 대칭, 시각화와 공간적 추리와 관련된 기초 활동도 경험할 수 있다.

공간 및 도형에 관한 이해는 우리가 살고 있는 물리적 세계를 더 잘 알 수 있도록 도와준다(Bredekamp & Rosegrant, 1995). 이는 우리가 살고 있는 현실 세계와 관련되며, 몸으로 경험할 수 있고, 구체적이고 조작 가능하다. 또한 공간 및 도형은 컴퓨터 그래픽, 비디오 게임, 디자인 산업 등과 관련되어 현대의 첨단 기술과 정보화 사회에서는 더욱 필요한 능력이다(NCTM, 2000).

더 나아가 공간과 도형은 여러 교과와 수학의 다른 영역의 기초가 되며, 서로 관련되어 있다. 즉, 도형의 면의 수나 각의 수를 세는 경험, 혹은 공간의 거리를 측정하는 경험으로 수 또는 측정영역의 도구적 역할을 하고, 도형을 분해하고 조합하는 경험은 분수영역의 기초 학습이 될 수 있다. 또한 공간과 도형은 구체적인 물체의 특성이나 공간 간의 관계를 다루고, 직접적이고 조작적인 경험을 통한 학습이므로 직관적 이해가 용이하여 영유아의 발달 수준에 보다 적합한 교육내용이라고 할 수 있다.

1. 공간

공간은 자신이 속한 현실 세계에서 위치와 공간적 관계를 파악하는 것으로서 방향, 위치 및 거리와 관련된 여러 가지 이해와 기술을 의미한다. 영유아는 초기에는 자신을 중심으로 공간적 관계를 이해하고, 그다음은 지표와 관련하여 공간을 이해하고 위치를 찾으며, 더 발달되면 여러 가지 노선(여러 지표의 연결된 시리즈)에 대한 지식을 구성함으로써 위치를 찾고, 마지막으로 이러한 많은 노선과 위치를 하나의 정신적 지도 내로 합쳐 넣음으로써 공간을 탐색하고 위치를 찾는다(Clements, 1999).

1) 위치 및 공간관계

위치 및 공간관계 이해의 발달에 관한 연구들에 의하면, 만 1세 영아와 만 2세 걸음마기 영아도 공간에서의 사물의 관계를 탐색하는 데 많은 시간을 보낸다는 것이 밝혀 졌다(Haith & Benson, 1998; Kellman & Banks, 1998). 즉, 영아도 기고, 걷고, 오르내리면 서 자신의 몸으로 공간을 경험하고 탐색함으로써 공간관계에 대한 이해를 발달시켜 나 간다. 따라서 영아도 3차원 공간에서 사물의 위치에 대한 기초적인 이해를 쌓아 간다 고 볼 수 있다. 3차원 공간에서 위치 관계를 이해하는 방법은 다음의 세 가지 수준으로 발달된다고 할 수 있다.

• 자기중심적 표상(egocentric representation)

영아기부터 몸을 움직이면서 자신의 앞, 뒤, 옆, 위, 아래에 있는 공간을 경험하고 앞 으로, 뒤로 등의 방향을 경험하는 과정에서 자신을 중심으로 공간적 위치와 방향을 이 해해 나간다. 즉, 어린 영유아는 자신의 몸을 중심으로 위, 아래, 앞, 뒤의 공간적 관계 를 이해하고, '내 앞에', '내 뒤에' 등과 같이 자기중심적 표상을 하기 시작한다.

• 지표중심적 표상(landmark-based representation)

주위 환경의 지표(landmark)가 되는 사물을 활용하여 위치를 이해하고 찾는 단계다. 즉, 영유아는 3차원 공간에 있는 사물을 특정 인물(지표)과 연관시켜 위치를 파악하는 데, 처음에는 일상적으로 자주 접하고 친근한 지표로서 주로 엄마를 활용하고, 더 크면 선생님을 지표로 활용한다. 영아기부터 공간에서의 지표와 관련된 경험을 한다. 예를 들면, 일상생활에서 '엄마 옆에 앉아', '엄마 앞에 ○○가 있네' 등과 같은 상호작용을 통 하여 지표와 관련된 공간관계를 경험하게 되고, 점점 더 나아가 지표와 관련된 공간관 계 이해 및 지표중심적 표상을 하게 된다.

• 객관중심적 표상(allocentric representation)

3차원 세계의 모든 물체 관계를 일반적이고 객관적인 참조의 틀을 사용하여 나타내 는 것으로서 좌표체계의 지도 활용이다. 좌표란 위치 혹은 장소의 네트워크로 만들어 지는데, 3차원 세계의 모든 가능한 위치의 동시적 조직이 좌표체계다. 좌표체계에 관 한 발달을 보면, 어릴 때부터 좌표에 관한 기본적인 이해를 발달시켜 유아도 좌표체계 에 관한 비형식적 지식을 가지고 있지만, 초등학교 이후에야 형식적인 좌표를 만들고 활용하는 능력을 발달시킨다.

2) 시각화와 공간적 추리

시각화와 공간적 추리는 밀접한 관련이 있는 것으로서 시각화는 도형 및 공간적 관계에 대한 정신적 이미지를 만드는 것이고, 공간적 추리는 이러한 도형과 공간에 대하여 다른 관점에서 이미지를 생성하거나 예측할 때 일어난다. 시각화와 공간적 추리의 한 측면은 주위 환경의 형태를 아는 것으로서 위치 및 공간적 관계와 관련되는 것이고, 다른 한 측면은 도형의 정신적 이미지와 관련된다. 따라서 시각화와 공간적 추리는 도형 및 공간 모두와 관련되는 내용이다.

도형 혹은 여러 가지 도형으로 이루어진 구성물에 대한 정신적 이미지를 만들거나 이러한 이미지를 시각화하여 나타내는 능력은 영유아기부터 점차적으로 발달하는 것으로 보인다. 즉, 만 2세 반 이후가 되면 그림은 현실의 구체물을 표상한 것이라는 것을 이해한다고 보고되고 있다(Flavell, Miller, & Miller, 1993). 취학 전 영유아의 시각화 능력은 매우 미약한 수준이지만 그에 맞는 적절한 기회가 주어질 경우 어느 정도 이미지를 만들고 조사할 수 있다. 영아들은 시각화 활동을 실제로 할 수 없지만 유아들의 경우 시각화 활동을 어느 정도 한다. 즉, 3차원 도형으로 만든 구성물을 보고 2차원 그림으로 나타내는 활동, 2차원 그림을 보고 2차원 구성물을 만들거나, 2차원의 그림으로 표현된 것(원래 3차원 구성물을 보고 2차원 그림으로 만든 것)을 보고 다시 3차원 구성물을 만

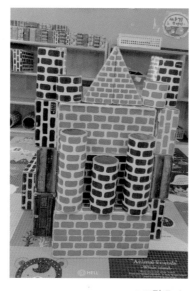

● 그림 5-1 ● 도형의 시각화

들어 보는 활동 등이 유아들이 경험할 수 있는 시각화 활동이라고 할 수 있다. 그러나 이러한 시각화는 유아들에게 상당히 어려운 활동으로 판단된다.

유아기에 주로 하는 활동 중에 지도 만들기는 시각화와 공간적 추리의 내용이라고 할 수 있다. 지도 만들기는 영아가 하기는 어렵지만 유아는 할 수 있는 활동으로서 위치와 방향을 나타내는 공간적 관계에 대한 정신적 이미지를 만드는 것이다. 우리 교실의 지도 만들기, 우리 동네 지도 만들기 등의 활동을 통하여 공간적 관계에 대한 정신적 이미지를 형성하고, 위치와 방향에 관한 이해를 쌓아 나가며, 공간적 어휘를 사용하는 경험을 한다.

●그림 5-2● **지도 만들기**

2. 도형

영유아는 생의 초기부터 일상생활에서 마주치게 되는 다양한 모양을 보면서 기하도형의 기초 개념을 형성하기 시작한다. 즉, 식사할 때 매일 마주치는 숟가락은 둥근 모양, 포크는 뾰족한 모양, 머리핀은 하트 모양 등, 실생활 속에서 모양에 대한 이해를 기초로 하여 점점 더 원, 삼각형, 사각형 등 기하도형 개념이 발달하게 된다. 이러한 일상생활에서의 경험을 통하여 일찍부터 기하도형에 대한 많은 관심과 흥미를 가지고 탐색하면서 기초적인 수준에서 이해하게 된다.

일상생활 환경에서 만나게 되는 실물은 대부분 입체도형이고, 평면도형은 그림 속에 있는 것이기 때문에 오히려 입체도형을 쉽게 접하고 평면도형보다 먼저 배우게 된다. 예를 들어, 부엌에 있는 다양한 모양의 컵, 주전자, 그릇 및 소꿉놀이의 다양한 모형, 모래놀이 상자에 있는 다양한 용기를 만지고 조작함으로써 입체 모양에 대하여 인식하고 구별하게 된다. 또한 놀이에서 사용하는 다양한 공 모양, 선물을 포장한 상자 모양, 우리가 마시는 음료수 캔과 같은 원기둥 모양 등을 접하며 입체도형에 대한 비형식적 지식들을 습득한다.

원이나 사각형, 삼각형 등과 같은 평면도형은 그림책 속에서 자주 보게 된다. 또한 일상생활에서도 평면도형을 접할 수 있는데, 어른들이 그 모양들을 지적하고 이름을 말하기도 한다. 예를 들면, "샌드위치를 세모로 만들어 줄까? 네모로 만들어 줄까?"와 같이 평면도형을 언급하게 된다. 이러한 생활 속에서 습득한 비형식적 지식이 기하도형에 대한 이해의 기초가 된다.

1) 기하도형 개념

(1) Van Hiele 부부의 기하도형 개념 발달

Van Hiele 부부는 기하도형 개념 발달을 다섯 가지 수준으로 제시하였다. 그들에 의하면, 취학 전 영유아는 대부분 수준 0에 머무르고, 발달된 일부 유아들은 수준 1에 속한다(Crowley, 1987; Shaw & Blake, 1998; Smith, 2012). 수준 0은 시각화의 단계로서 모양을 인식하고 그 모양의 이름을 말한다. 수준 1은 속성 묘사하기 단계로서 각 도형의 근본적인 속성을 묘사함으로써 도형을 정확히 이해하는 수준이다. 영유아는 이러한 수준 0과 일부 수준 1에 해당하므로 이 두 가지를 살펴보고자 한다.

• 수준 0

취학 전 영유아 대부분이 이 단계에 속한다. 이들은 총체적 느낌으로 도형을 인식하고, 이름을 말할 수 있다. 즉, 도형의 속성은 정확히 알지 못하고 전체적인 모양으로 도형을 지각하며, 비슷한 도형끼리 짝짓기할 수 있고, 기하도형의 이름을 말하거나 지오보드 또는 그래프 종이에 그대로 베껴 그릴 수 있다. 만 4~5세 유아들은 한 세트의 네모를 만들어서 모아 놓고, 자신들이 만든 네모들이 모두 비슷하게 생겨서 모아 놓았다고 하거나 혹은 '문 같은 모양'이기 때문에 모두 같이 놓았다고 한다.

• 수준 1

발달 수준이 높은 유아와 초등학교 저학년 아동이 이 단계에 속하는데, 이들은 모양을 전체로 받아들이는 수준을 넘어서서 도형의 속성에 초점을 맞춘다(Shaw & Blake, 1998). 즉, 이들은 도형의 면, 변, 각의 수 등의 속성을 인식하고 왜 그 도형이 삼각형, 사각형인지 설명한다. 이 단계의 유아와 아동은 도형의 속성에 근거하여 인식하고, 구성하고, 모델을 만들고, 그것들을 분류한다. 이들은 3차원 도형을 평평한 표면이나 각의 수를 기준으로 모은다. 또 '상자'의 면이 6개라는 것을 안다. 반면에 전등갓은 단 2개의 원으로 된 면과 곡선으로 된 다른 표면을 가지고 있음을 안다. 수준 1에 있는 유아와 아동은 도형을 묘사할 때, 관찰이나 조작 또는 실험활동을 통하여 모양의 특성을 이해하고 표현한다.

(2) Clements와 Battista의 도형 개념 발달

Clements와 Battista(1992)는 영유아가 Van Hiele 부부가 말하는 모양 인식 및 명명하기의 수준 0보다 오히려 낮은 이해 수준에 속하는 경우가 많다고 하면서 이를 세분화하였다. 이들은 영유아의 기하도형에 대한 이해가 세 단계의 수준을 거쳐 발달한다고 하였다.

• 전인지 수준(precognitive level)

이 수준은 일정한 도형들을 본 후, 도형을 재구성할 수 있는 적절한 시각적 이미지들을 형성하는 지각적인 능력이 부족한 수준을 말한다. 따라서 이들은 형태를 지각하지만 여러 도형 중에서 서로 다른 모양을 구별하지 못한다. 만 3세 미만의 영아는 대부분 이 단계에 속한다. 간혹 영아가 곡선도형과 직선도형이 다르다는 정도는 인식하여도 직선도형 내에서 삼각형, 사각형 등의 도형 간의 차이 혹은 곡선도형 내에서의 다양한 도형 간의 차이는 구별하지 못한다. 즉, 타원형과 삼각형이 다르다는 것은 구별하지만, 삼각형과 사각형의 차이점은 구별할 수 없다. 따라서 도형 간의 차이점을 명확하게 구별하지 못한다고 할 수 있다.

• 시각적 수준(visual level)

전체적인 시각적 외양을 토대로 도형을 인식하는 수준이다. 대부분의 유아가 이 단계에 속한다. 이 수준의 유아는 도형의 속성에 근거하여 도형을 변별하기보다는 도형에 대한 일반적이고 전체적인 인상에 따라 도형을 판별하고, 그 이름을 말한다. 즉, '3개의 각' 혹은 '3개의 변'이라는 도형의 특성에 주목하여 도형을 구별하는 것이 아니라 자신의 일상생활에서 자주 보아 왔던 삼각형 혹은 사각형 모양과 유사한 것, 도형의 시각적 원형(visual prototype)에 근거하여 도형을 구별한다. 예를 들어, '상자같이 생겼으니까 사각형 혹은 네모 모양'이라고 시각적 원형을 사용하여 도형을 설명한다. 이들은 흔히 두 변이 이등변이고 밑변이 수평으로 이루어진 모양은 삼각형이라고 하지만, 꼭짓점이 아래로 향해 있거나 너무 뾰족하여 흔히 보는 전형적인 모양의 삼각형과 다르게 생긴 것은 삼각형이 아니라고 한다. 즉, [그림 5-3]의 왼쪽 그림에서 11번은 삼각형이 아니라고 하거나 오른쪽 그림에서 12번은 사각형이 아니라고 한다. 또한 직각이 아닌 평행사변형이나 직각사다리꼴을 직사각형으로 받아들인다. 즉, 각의 기울기, 종횡 비율(뚱뚱한 혹은 날씬한), 도형이 놓인 방향 등과 같은 수학적으로 관련이 없는 특성들이 도형의 변별에 영향을 미친다(Clements & Sarama, 2004).

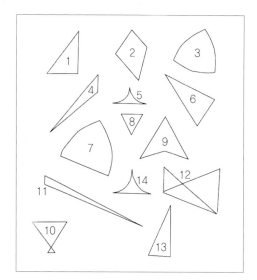 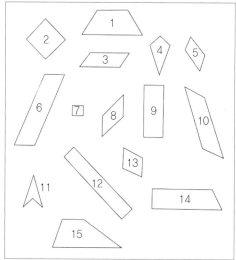

● 그림 5-3 ● 기하도형 이해

출처: Clements & Sarama (2004), p. 271.

• 기술적 수준(descriptive level)

이 수준에서는 모양을 전체로 받아들이는 단계를 넘어서서 도형의 속성을 기준으로 도형을 인식하고 판단하며, 도형의 속성을 기술할 수도 있다. 즉, 삼각형은 '세 변'을 가진 도형 혹은 '세 개의 꼭짓점'을 가진 도형이라는 것을 안다. 물론 유아들은 '변' 혹은 '꼭짓점', '각'이라는 형식적인 용어를 사용하지 않고 일상적인 언어로 표현한다. 한편, 이 수준의 유아는 동일한 유형의 도형들 간의 차이나 이들의 관계는 알지 못한다. 예를 들어, 이들은 직사각형과 정사각형의 속성을 인지하고 기술할 수 있지만 정사각형은 직사각형의 특정 부류라는 것은 알지 못한다. 만 6세 유아와 초등학교 저학년 아동이 이 단계에 속한다.

2) 도형의 인식, 변별 및 명칭

영유아기에는 보육·교육기관에서의 놀이 활동에서 여러 가지 장난감이나 교구의 모양과 구조를 탐색하고, 그 특성을 경험하면서 기하도형 개념이 확장된다. 즉, 어린 영아는 그 이름을 말하지는 못하지만 일상에서 마주치는 컵, 상자, 화이트보드, 간판, 집 구조의 여러 모양을 인식하고, 또한 놀이에서 흔히 사용하는 공, 블록, 책, 퍼즐 등의 모양을 인식하며, 어른들이 말하는 모양의 명칭을 들으면서 도형의 명칭에 익숙해진다. 집을 보면서 '지붕에 있는 세모 모양에는 뭐가 있을까? 다락방이 있지', 양배추 물김치 만들기를 할 때 '네모로 썰어 볼까? 세모로 썰어 볼까?' 등과 같이 도형의 모양에 주의를 기울이도록 하면서 그 명칭에 익숙해지도록 한다.

이와 같이 주변에서 입체 및 평면도형을 경험하고 탐색하면서 모든 사물은 모양을 가지며 모양에 의해 사물이 구별됨을 인식하고 더 성장하면서 원, 삼각형, 사각형(정사각형, 직사각형) 등과 같은 기본 평면도형과 구, 육면체, 원기둥 등의 기본 입체도형을 인식하고 그 이름을 알아 간다(Althouse, 1994). 그러나 영유아가 이러한 형식적인 명칭보다는 일상적이고 쉬운 용어인 동그라미, 세모, 네모 혹은 공 모양, 상자 모양, 깡통 모양 등으로 말하는 것을 허용하고 점차 유아기 말기로 가면서 형식적인 용어에 익숙해지도록 한다.

좀 더 성숙한 유아들은 도형의 특성을 인식해 나간다. 즉, 동그라미는 뾰족한 곳이 없지만 세모는 뾰족한 곳(꼭짓점)이 3곳이라는 특성에 주목함으로써 도형의 특성을 인식한다. 이러한 도형의 특성에 대한 인식은 시각적 원형이 아니라 도형의 속성에 근거하여 도형을 구별하는 수준으로 나아가는 기초가 된다. 도형의 속성이란, 예를 들어 삼각형의 속성은 꼭짓점이 3개, 변이 3개라는 것이다. 이와 같이 도형을 꼭짓점 3개, 변

3개라는 속성 때문에 삼각형이라고 할 때 도형의 속성에 근거한 도형의 변별이라고 할 수 있다. 도형의 속성을 인식하고 도형의 속성에 근거하여 도형을 구별하는 것은 도형의 차이를 진정으로 아는 것이라고 할 수 있다. 유아기 말기에 이르러서 이와 같은 도형의 속성에 주목하고 속성에 근거하여 도형을 변별하게 된다. 물론 유아들은 '변' 혹은 '꼭짓점'이라는 형식적 명칭을 사용하지는 않는다.

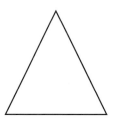

'뾰족한 곳(꼭짓점)'이 3개이고, '길쭉한 곳(변)'이 3개이다. 그래서 '세모(삼각형)'이다.

영유아기의 도형에 관한 교육은 주로 전형적인 형태의 기본 도형만을 주로 다루었다. 그러나 이러한 정형화된 도형만을 다루는 것은 이후의 도형 개념의 획득에 오히려 장애를 초래할 수 있다는 지적이 있다(Clements, 1999; Findell et al., 2001). 즉, 영유아는 흔히 접하는 도형의 시각적 원형에 근거하여 도형을 인식하기 때문에 자주 접하지 않는 형태의 도형, 예를 들어 가로 폭이 넓고 세로 높이가 아주 낮은 사각형은 사각형이 아니라고 인지한다. 따라서 영유아기의 도형 교육에 다양한 형태의 도형을 포함시키는 것이 도형의 속성에 근거하여 판단할 기회를 가지기 때문에 더 유용한 경험이 될 것이다.

3) 도형의 조합과 분해

도형의 조합은 작은 여러 개의 도형을 합쳐서 새로운 하나의 모양을 만드는 것이고, 분해는 반대로 큰 도형을 작은 조각으로 나누어서 여러 개의 새로운 형태를 만들어 내는 것이다. 영유아는 다양한 자료를 탐색하면서 새로운 모양을 만들기 위하여 도형을

●그림 5-4● **도형의 조합**

잘라서 나누거나 여러 개의 도형을 결합하는 경험을 하게 된다.

영유아는 기하도형은 아니지만 여러 가지 그림을 잘라 보거나 조각들을 합쳐 보는 경험을 함으로써 도형의 조합과 분해에 관련된 기초 경험을 할 수 있다. 또는 과일, 블록, 찰흙 등 3차원의 사물을 나누어 보고 합치는 3차원 사물의 분해와 조합도 할 수 있는데, 이러한 경험도 도형의 조합과 분해의 기초가 될 것이다. 예를 들어, 낮잠을 위해 이불을 펴거나 접는 과정에서 더 작은 혹은 큰 네모나 세모가 되도록 함으로써 도형의 조합과 분해를 경험할 수 있다. 도형의 조합과 분해는 팀 미술활동으로서 평면도형을 결합하여 큰 그림을 만들거나 혹은 쌓기 영역에서 입체도형을 쌓아 건물이나 자동차 도로 등의 구성물을 만드는 활동을 통하여 경험할 수 있다.

4) 변환과 대칭

도형의 변환과 관련한 영유아의 능력에 대한 연구를 살펴보면, 영유아가 이를 어느 정도 학습할 수 있다고 하지만 그 능력이 매우 미약하며, 대부분 머릿속으로 도형의 변환을 수행하지 못한다고 한다. 즉, 유아 혹은 초등학교 저학년 아동도 머릿속으로 도형을 변환하는 능력은 제한되어 있다(Willford, 1972).

한편, 유아는 변환과 관련된 기초적인 기술을 사용하는데, 이것이 바로 이동(slides), 회전(turns), 뒤집기(flips)이다. 이동이란 도형을 그대로 미끄러지듯이 다른 곳으로 옮기는 것이고, 회전은 도형을 90°, 180° 등으로 회전하는 것이며, 뒤집기는 동전을 뒤집어서 앞 혹은 뒷면이 보이도록 하는 것 혹은 거울에 반영된 모양 등으로 변환하는 것이다. 유아는 두 그림이 '같은 모양'인지 판단하기 위하여 한 도형을 '이동'시켜 다른 도형 위에 올리고, 탱그램이나 퍼즐을 맞출 때 잘 맞지 않으면 조각을 '회전'하거나, '뒤집기' 하여 맞춘다. 이런 문제해결 전략을 사용하는 것으로 보아 유아도 이동, 회전, 뒤집기 등의 도형의 변환에 대한 아이디어를 가지고 있음을 알 수 있다. 만 2세 영아의 경우는 이러한 구체적인 경험에서 도형의 이동, 회전, 뒤집기에 관심을 가지도록 교사가 언어적 상호작용을 자주 해 주는 것이 중요하다. 연구들에서 영유아도 조작 가능한 구체물이 주어지고, 과제가 단순할 때에는 단순한 회전 과제(Rosser, Ensing, Glider, & Lane, 1984)나 이동 과제(Choi & Lee, 2005)를 수행할 수 있다고 보고되었다.

●그림 5-5● **도형의 이동과 회전**

대칭은 영유아의 작품에 다양하게 나타나는 것으로 보아 이들이 강점을 가지는 분야로 보인다. 즉, 영유아도 조작물이나 미술활동에서 선대칭을 가진 디자인을 창조한다. 이를 보면 영유아도 어린 시기부터 대칭에 관한 직관적인 생각을 가지고 있다는 것을 알 수 있다. 대칭적 자극은 선호하는 자극일 뿐만 아니라 더 정확하게 변별되고, 비대칭적 자극보다 더 잘 기억된다. 그러나 대칭의 많은 개념이 12세가 될 때까지는 확고하게 완성되지 않는다.

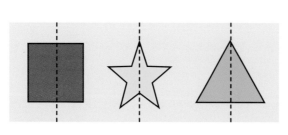

●그림 5-6● **도형의 대칭**

이상과 같이 영유아는 주변 현실에서 기하도형 및 공간적 관계를 경험하고, 이에 대해 학습할 수 있다. 따라서 영유아 수학교육에 다양한 기하학적 탐색을 포함시켜야 한다(Burton, 1991). 그렇게 함으로써 영유아에게 사물을 비교하고, 크기와 모양 등을 속성에 따라 분류하고 배열하며, 대칭 및 균형을 실험하고, 공간에서 위치와 방향 그리고 거리의 관계를 탐색할 수 있는 기회를 제공한다.

공간 및 도형 관련 경험 및 활동

영유아는 먼저 공간 개념으로서 위치와 방향을 이해하고, 사물/사람을 공간에서 위치와 방향과 관련하여 이해하거나, 그 특정 위치와 방향을 나타내며, 더 나아가 거리와 관련된 개념을 형성하고, 그 어휘를 사용하게 된다. 어린 영아는 보육실에서 선생님에게 기어가기, 굴러가는 공을 잡으러 가기, 놀이기구의 단을 올라가거나, 터널 속을 기어가는 활동 등 자신의 몸을 움직여서 공간관계를 탐색하고 경험할 수 있다. 나아가 선반에 놓인 장난감을 가지러 가고, 걸음마 보조기를 밀거나 탈것을 타면서 더 넓은 범위의 공간을 경험하고, 블록을 위로 쌓거나 무너뜨리기 등의 놀이를 하면서 위, 아래의 공간을 탐색한다. 일상의 이러한 활동 및 놀이를 통하여 영아는 자신을 중심으로 앞, 뒤, 옆, 위, 아래에 무엇이 있는지 알아보는 경험을 한다. 이러한 경험과 탐색이 쌓이면서 차츰 자기 자신을 중심으로 '내 앞에', '내 뒤에' 등과 같이 공간에서의 위치 및 공간적 관계를 이해하고 표상할 수 있게 된다.

나이가 들면서 점점 더 환경 속에 있는 지표(예를 들어, 엄마, 선생님, 교실 문 등)를 중심으로 위치와 방향에 대한 이해로 나아간다. 예를 들어, 영유아는 '선생님 앞에 있는 공을 잡아라.', '피아노 옆에 서 볼까?', '계단 아래로 내려가자.' 등 일상생활 혹은 놀이에서 선생님 및 또래들과의 상호작용을 통하여 3차원 공간에서의 위치에 대한 이해를 발달시키고, 사물들의 공간적 관계를 이해하고 표상한다. 유아기 말기에는 우리 교실이나 놀이터 지도 만들기나 우리 동네 지도 만들기 등의 활동을 통하여 좀 더 객관중심적 표상으로 나아갈 수 있을 것이다. 또한 위치 및 방향과 관련된 활동을 하면서 공간적 어휘를 사용하는 경험을 한다. 예를 들어, 동화『로지의 산책』을 읽고, 주인공 로지가 산책을 나간 위치와 방향 등 공간적 관계를 공간적 위치, 방향에 관련된 어휘를 사용하여 이야기한다. 즉, 로지가 산책을 갈 때, 마당을 '가로질러서', 연못을 '빙 돌아서', 벌

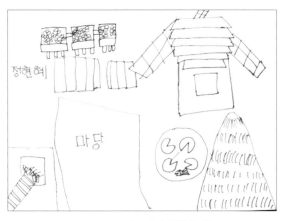

●그림 5-7● 『로지의 산책』을 읽고

통 '아래로' 지나갔다고 설명한다.

다음으로 영유아의 도형과 관련된 활동을 살펴보자. 어린 영아기에는 기하도형이 아니라 일상생활에서 사용하는 도구, 가구, 건축물, 장난감 등의 여러 가지 일반적인 모양을 만나게 되는데, 이때 교사는 영아가 다양한 모양에 관심을 가지도록 언어적으로 자극하고 모양의 특성에 주목하도록 이끌어 주어야 한다.

주전자, 여러 형태의 컵 모양, 인형, 소꿉놀이 도구, 공, 블록을 접하면서 서로 다른 모양을 탐색하고, 점점 더 기하도형의 특성인 '동그란 공', '네모난 블록', '둥근 컵' 등에 관심을 가지면서 도형의 특성 변별로 나아간다. 이러한 경험과 탐색은 가정에서의 일상생활에서도 일어나고, 보육 · 교육기관의 놀이 및 일과 활동에서도 일어날 수 있다.

●그림 5-8● 일상생활에서 도형 경험

이와 관련된 보육 · 교육기관에서 일상활동으로서 영유아가 간식 준비를 돕기 위하여 '동그란' 모양의 접시와 주스를 담을 '길쭉하고 둥근' 모양의 컵을 준비하고, '상자' 속에서 '공 모양'의 사과를 가져온다. 이러한 경험은 원, 사각형, 구, 육면체 등의 기하도형 개념의 기초가 될 것이다. 초기에는 기하도형이 아닌 생활 속의 다양한 물체의 모양에 관심을 갖도록 하고, 점점 공모양, 상자 모양, 깡통 모양 등의 입체 기하도형 및 동그라미, 세모, 네모 등의 평면 기하도형의 다른 점을 인식하고 구별해 나가도록 한다.

영유아기의 도형 변별 및 명명, 도형의 속성 인식을 위한 활동으로서 비밀주머니 속의 도형을 만져 보고 그 도형을 알아맞히기를 할 수 있다. 비밀주머니에는 주로 입체도형을 넣어 두고 손으로 만져서 그 특성을 인지하고 도형의 이름을 말하는 것이다. 영유아기에 흔히 하는 퍼즐 맞추기 활동에서 다양한 평면도형을 보게 되고, 블록 쌓기에서

●그림 5-9● 비밀주머니와 탄력밴드

입체도형을 탐색하게 된다. 교사는 이때에 도형을 이름을 말하면서 영유아가 도형을 인식하고 그 명칭을 알도록 도울 수 있다. 영유아가 적극적으로 도형을 만드는 활동으로서 탄력밴드를 이용하여 여러 가지 모양의 도형을 만드는 활동을 할 수 있다. 여러 명의 영유아가 각 도형의 꼭짓점이 되기 위해 서 있을 수도 있고, 1명의 영유아가 자신의 팔, 다리를 이용하여 꼭짓점의 역할을 하면서 도형을 만들 수도 있다. 이러한 활동을 할 때 교사는 영유아가 찾은 도형 혹은 만든 도형을 탐색해 보는 시간을 가지도록 하는 것이 도움이 될 것이다. 즉, "이 세모는 뾰족한 곳이 몇 개나 될까?" 등의 질문을 함으로써 도형의 속성에 주목하도록 이끈다.

영아는 놀이에서 기하도형은 아니지만 여러 가지 그림을 잘라 보거나 조각들을 합쳐 보는 경험을 함으로써 도형의 조합과 분해에 관련된 기초 경험을 할 수 있다. 주로 색종이, 신문지, 잡지 등을 오리거나, 혹은 이들 조각을 붙여서 큰 그림을 만드는 활동을 할 수 있다. 또는 3차원의 사물을 나누어 보고 합치는 3차원 도형의 분해와 조합도 할 수 있는데, 이러한 경험도 도형의 조합과 분해의 기초가 될 것이다. 예를 들어, 블록들을 합쳐서 큰 건축물을 만들거나, 식빵 덩어리를 작은 조각으로 나누어 보는 경험을 함으로써 3차원 도형의 조합과 분해의 기초 개념을 습득할 수 있을 것이다.

유아기가 되면 좀 더 다양한 도형의 조합과 분해 활동을 하게 된다. 그림책을 읽고 그림책에 나오는 도형을 줄거리에 맞추어 잘라서 나누거나, 합치는 활동을 할 수 있다. 또는 여러 가지 모양의 색종이를 오려 붙여 사물을 구성하는 꾸미기 활동이나 색종이를 접어 입체 사물을 구성하는 활동을 하면서 도형의 조합과 분해를 경험할 수 있다. 기본 도형들을 이용한 조합은 기본 평면도형들을 결합하여 큰 그림을 만들거나 혹은 기본 입체도형들을 쌓아 구성물을 만드는 활동을 통하여 경험할 수 있다. 『동그라미 데굴데굴』 동화를 듣고 큰 동그라미를 잘라 여러 가지 작은 모양을 만들어서 '돛단배', '꽃', '다람쥐' 등의 다른 재미있는 작품을 구성해 보는 활동을 할 수 있다. 이는 분해, 조합 활동으로서 도형을 작은 단위로 잘라서 다른 도형과 결합하여 새로운 형태를 만드는 활동이다.

●그림 5-10● 『동그라미 데굴데굴』을 읽고

영유아가 큰 도형을 분해하고, 분해된 작은 도형들을 조합하여 구성물을 만드는 과정에서 도형을 이동하고, 뒤집고, 회전하는 활동을 하게 되고, 이러한 활동에서 도형의 변환을 경험하게 된다. 도형의 변환 활동으로서 동화 『이상한 그림 때문에』를 듣고 그 내용에 따라 거꾸로 된 삼각형 모양의 흔들리는 집을 고치기 위하여 파란색 삼각형을 이동하여 흔들리는 아랫부분을 받쳐 줌으로써 집이 양쪽 대칭이 되어 균형을 이루도록 수정한다. 이 과정에서 도형의 이동뿐만 아니라 균형을 갖추도록 하기 위하여 삼각형을 여러 가지 방향으로 회전하거나 뒤집는 경험도 하게 된다. 이러한 모든 활동이 도형 변환의 일부분이다. 또한 흔들리는 집을 안정되게 고치는 과정에서 대칭의 개념을 학습하게 된다. 즉, 다른 조각의 삼각형 도형을 합쳐서 양쪽이 대칭이 되도록 함으로써 흔들리지 않는 경험을 하게 된다. 대칭을 위한 다른 활동으로서 반쪽만 제시된 얼굴 그림을 보고 남은 반쪽 얼굴을 그려 보기 활동이나, 자동차의 반쪽만 제시해 주고 나머지 반쪽을 그리는 활동 등 영유아가 좋아하는 소재로

●그림 5-11● 『이상한 그림 때문에』를 읽고

●그림 5-12● **나비 반쪽 그리기**

반쪽 그림을 그림으로써 대칭을 경험할 수 있다. 또한 사물을 거울에 비추고 거울에 비친 모양을 따라 그리는 활동도 대칭 활동이다.

시각화와 공간적 추리는 영유아에게는 너무 어려운 개념이지만 낮은 수준의 시각화와 공간적 추리 경험을 해 나갈 수 있다. 유아가 경험할 수 있는 시각화 활동으로서 그림대로 패턴 블록 놓기, 칠교놀이, 탱그램 등이 있다. 유아의 공간적 추리를 위한 활동으로 다양한 양식의 지도 만들기를 하고, 사물의 위치나 경로를 추리해 볼 수 있다. 예를 들면, 보물섬 이야기를 듣고 자신의 보물을 숨겨 둔 지도를 만들면서 보물이 숨겨진 곳에 대하여 이야기할 때 공간적 추리를 경험하게 된다.

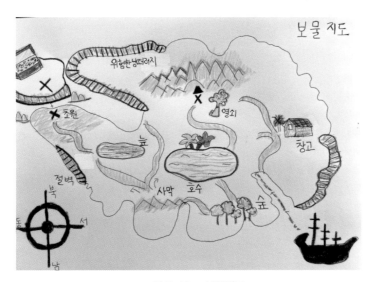

●그림 5-13● **보물지도**

제6장

측정

어린 영유아도 누구의 키가 더 큰지 알아보려고 서로 마주 서서 키를 재어 보고, 누구의 손이 더 큰지 손바닥을 마주 대어 재어 보곤 한다. 이러한 기초적인 측정 경험은 일상생활에서 다양하게 일어나며, 두 물체의 길이나 양을 비교하고 순서 지으면서 영유아도 자연스럽게 측정 개념을 이해할 수 있게 된다. 측정은 연속적인 속성을 가진 사물의 양에 수를 부여하는 것이다(Clements & Stephan, 2004). 즉, 각각 나뉘어 있지 않은 사물의 양(연속량)을 다루기 위해 이를 일정한 단위로 분리된 양으로 나누어 수를 부여하는 방법이다. 아주 어린 영유아도 이미 일상생활을 통해 '엄마는 나보다 키가 더 크고', '곰 인형보다 장난감 트럭이 더 무겁다'와 같은 경험을 통해 사물을 비교하면서 측정에 대한 이해를 발달해 간다.

NCTM(2000)이 제시하는 취학 전-유치반-초등학교 2학년 측정 교육의 내용 기준은 측정 가능한 속성과 측정단위의 이해 및 측정의 과정 이해하기, 적절한 기술, 도구, 공식을 적용하여 실제로 측정하기로 구성되어 있다. NAEYC와 NCTM(2002)에서는 영유아기 측정교육의 주요 내용을 측정 가능한 속성과 측정단위의 이해, 측정의 과정 이해하기로 제시하고 있다. 우리나라 만 3세 미만의 영아를 위한 제4차 표준보육과정에서는 측정에 대한 교육내용이 제시되지 않는다. 그러나 현실에서 살펴보면 어린 영아도 일상에서 기린 줄자 앞에 서서 자신의 키를 재어 보고 저울 위에 올라서서 몸무게를 재어 보는 등 측정과 관련된 많은 비형식적인 경험을 한다.

　만 3세부터 만 5세 취학 전 유아를 위한 교육과정인 2019 개정 누리과정에서는 '일상에서 길이, 무게 등의 속성을 비교하기'를 제시하고 있는데, 이는 측정의 기초로서 유아기 주요 교육내용으로 삼고 있음을 의미한다. 이 장에서는 영유아기 교육내용으로 일상 주변의 사물을 측정 가능한 속성에 따라 비교하기 위해 임의단위를 활용하여 재어 보는 경험까지 포함한다.

　측정과 관련된 경험은 영유아로 하여금 수학의 가치를 깨닫게 하고, 능동적으로 수학적 사고를 하도록 하는 주제다. 친구와 만들기를 하기 위해 한 덩어리의 밀가루 반죽을 나누려 할 때, 교실을 장식하기 위한 모빌을 만들기 위해 가장 긴 나뭇가지를 선택하려고 할 때 영유아는 측정을 경험하게 된다. 이와 같이 측정은 문제 상황에서 수학적으로 문제를 해결할 수 있는 방법으로 활용되면서 일상생활에 유용하게 사용되는 점을 알 수 있다.

　이러한 측정은 수학내용 중 일상생활에서 가장 폭넓게 사용되는 개념이며, 유용한 수학적 기술 중 하나다. 이는 영유아 수학교육에서 중요하다고 보는 기하와 수를 연결하는 영역이다. 즉, 측정은 사물을 측정하는 것뿐만 아니라 사물을 대응시키고 비교할 수 있고, 측정한 결과를 가지고 토의하면서 의사소통을 원활하게 할 수 있으며, 공간개념, 수세기와 같은 다른 수학적 개념들을 연결시킨다. 영유아기 측정영역의 교육내용은 비교하기와 순서짓기, 측정하기와 관련된 경험을 포함한다.

1. 비교하기와 순서짓기

　비교하기는 어떤 속성에 따라 두 사물 간의 관계를 나타내는 것을 말한다. 즉, ~보다 크다/~보다 작다, ~보다 길다/~보다 짧다, ~보다 무겁다/~보다 가볍다 등 두 사물 간의 차이를 비교의 속성에 따라 관계를 짓는다. 따라서 비교하기를 위해서 우선 비교를 위한 속성을 이해해야 한다. 예를 들어, 콩주머니 던지기 게임에서 누가 더 멀리 콩주머니를 던졌는지를 비교하기 위해서는 길이를 비교하여야 한다. 영유아가 경험할 수 있는 측정 가능한 속성은 길이(길다/짧다), 크기(크다/작다), 무게(무겁다/가볍다), 양(많다/적다) 등이다.

　순서짓기는 비교를 근거로 하여 둘 혹은 그 이상의 사물을 공통적인 속성의 차이에 따라 배열하는 것을 말한다. 이러한 순서에 따른 배열은 시작과 방향이 있으며, 규칙을 반영하고 있다. 영유아가 사물을 순서짓는 능력은 사물을 구분하면서 시작되며, 두 개의 사물을 가지고 비교하는 것에서 시작하여 여러 개의 사물을 비교하는 것으로 발달해 간다. 점차 두 개 이상의 사물을 가지고 이들의 관계를 형성하는 순서짓기는 더 복잡한 형태가 된다.

Piaget에 의하면 순서짓기는 대체로 다음의 단계를 거쳐 발달한다(Smith, 2012).

- 1수준

이 수준의 영유아는 물체의 차이를 비교할 수 있어 대, 중, 소 세 개의 막대를 주었을 때 여러 번의 조작을 통해 순서짓기를 할 수 있다. 그러나 길이가 다른 막대가 세 개 이상일 경우 순서대로 배열하는 데 어려움을 갖는다. 대체로 만 3~4세 유아가 이 수준에 해당한다.

- 2수준

이 수준의 영유아는 여러 번의 시행착오를 거쳐 여러 개의 막대를 순서대로 배열할 수 있으나, 때로 한두 개씩 빠뜨리기도 한다. 이때 빠진 막대를 적절한 위치에 놓으라고 하면 처음부터 다시 순서대로 배열하려는 경향을 보인다. 대체로 만 5~6세 유아가 이 수준에 해당한다.

- 3수준

이 수준의 영유아는 전체의 관계에서 문제를 해결하려는 시도를 한다. 따라서 길이가 다른 여러 개의 막대를 순서대로 배열할 때 모든 막대의 양쪽 끝을 고려하는 체계적인 배열이 가능해진다. 그리고 가역적이거나 이중적인 관계도 고려하여 배열할 수 있게 된다. 즉, a>b이고, b>c이면, a>c임을 추론할 수 있다. 대체로 만 6~7세 유아가 이 수준에 해당한다.

2. 측정의 속성 이해하기와 측정하기

측정하기 위해 먼저 사물의 측정할 수 있는 속성을 파악하고, 측정할 수 있는 속성에 적합한 측정단위를 선택할 수 있어야 한다. 또한 측정단위를 이용하여 실제로 측정할 수 있는 기술이 필요하다.

1) 측정의 개념발달

• 놀이와 모방

영아들은 자, 계량컵, 계량스푼, 저울 등으로 성인들이 하는 측정활동을 흉내 내면서 놀이를 한다. 이 시기의 영아들은 모래, 물, 쌀, 콩 등을 다른 그릇으로 옮겨 담으면서 들이, 무게와 같은 속성을 탐색한다.

• 실물의 직접 비교

영유아의 측정 개념 발달은 사물을 직접 비교하는 것부터 시작한다. 영유아는 누가 더 큰지 알아보기 위해 서로 등을 맞대고 "내 키가 더 크다.", "네가 더 작다."와 같이 길이를 비교하는 측정 경험을 한다. 이러한 비형식적 측정 경험은 어린이집이나 유치원에서의 놀이나 활동, 영유아의 일상생활에서 흔히 접할 수 있다.

• 임의단위 사용

영유아의 측정활동에서는 주로 임의(nonstandard)단위를 사용하여 측정한다. 영유아가 주로 사용하는 임의단위는 자신의 신체 또는 주변의 친숙한 사물들이다. 그들이 주로 사용하는 임의단위는 초기에는 손 뼘이나 발걸음 등 자신의 신체이고, 다음으로는 주변에서 흔히 접하는 친숙한 사물들을 임의단위로 이용하는데 막대 블록, 종이 벽돌 블록, 연필, 종이 클립 등 영유아 보육 · 교육기관에서 흔히 접할 수 있는 물건들이다. 임의단위를 사용하여 실제로 측정하기는 유아기가 되어야 가능하다.

어린 유아는 자신의 신체를 임의단위로 활용하다가 좀 더 객관적인 임의단위인 주변의 사물 이용으로 발전해 간다. 예를 들어, 흔히 책상의 길이를 재기 위해 손 뼘의 수를

●그림 6-1● **임의단위의 예**

비교하고, 자신의 자리에서 문까지의 거리와 책꽂이까지의 거리를 비교하기 위해 발걸음의 수를 세어 본다. 이런 놀이 혹은 활동을 하는 과정에서 자신의 손 크기와 친구 손의 크기가 다른 것을 알게 되면서 길이를 잴 때 길이가 서로 다른 손 뼘으로 재는 것이 불합리하다는 것을 인식한다. 그래서 그들은 주변에서 가까이 접할 수 있는 연필, 블록, 종이 클립 등과 같이 동일한 길이 혹은 크기를 가진 사물을 임의단위로 사용하여 측정하는 수준으로 발전하게 된다. 이제는 유치원에서 피아노와 책상의 길이 중 어느 것이 더 긴지 알아보기 위해 막대 블록을 이용하여 측정한 후 그 수를 세어 비교할 수 있다.

• 표준화 단위의 필요성 인식

유아가 임의단위를 사용하여 측정활동을 하다 보면 점차 불편함을 깨닫게 된다. 각 사람마다 손이나 다리의 크기가 달라 측정할 때 손 뼘이나 발걸음을 측정단위로 사용하는 것이 불합리하다는 것을 알아차리는 것이다. 또한 막대 블록이나 연필도 그 길이가 서로 다르기 때문에 측정에 관해 다른 사람과 의사소통할 때 오해가 생기기도 한다. 어느 상황에서나, 어떤 사람들과 측정을 하고 그 결과에 대하여 객관적으로 명확하게 의사소통하기 위해서는 공통으로 사용하는 측정단위가 필요하다는 것을 인식하게 된다.

• 표준화 단위의 사용

임의단위를 사용하여 측정활동을 경험한 유아는 표준화 단위(standard units)를 사용할 준비를 마친 상태다. 만 3~5세까지의 유아는 임의단위를 사용하면서 측정 개념을 발달시키고, 만 5세 이후의 유아는 일상생활 주변에서 친숙하게 접할 수 있는 자와 저울, 계량컵과 같은 표준화된 단위를 사용하여 측정을 한다.

대부분의 영유아 보육·교육기관에서는 측정 활동을 할 때 임의단위 사용을 먼저 하고, 임의단위 사용에 친숙해진 다음 표준화 단위를 사용하도록 안내하고 있다. 그러나 최근에는 자나 저울과 같은 표준화 단위의 사용이 임의단위의 사용보다 더 쉽게 느껴질 수 있다고도 본다. 이는 자나 저울과 같은 측정단위는 문화적 도구로서 유아가 이미 일상생활에서 친숙하게 접하기 때문이다. 따라서 최근 연구결과들은 영유아 측정활동에서 임의단위의 사용만을 강조하기보다 그들에게 친숙한 표준화 단위도 함께 제시하는 것이 바람직하다고 밝히고 있다(Boulton-Lewis, Wilss, & Mutch, 1996; Nunes, Light, & Mason, 1993).

2) 측정 가능한 속성의 인식

영유아가 측정을 하기 위해 이해해야 할 측정 가능한 속성은 길이, 넓이, 무게, 부피, 시간 등이 있다. 나무 막대가 얼마나 긴지를 알아보기 위해 영유아는 그 나무 막대를 측정할 수 있는 속성이 '길이'임을 이해해야 한다. 또한 밀가루 덩어리가 얼마나 무거운지를 알아보기 위해서는 '무게'라는 속성을 측정해야 한다는 것을 알아야 한다.

쌓기 영역에서 친구가 만든 로봇과 내가 만든 로봇의 다양한 크기를 어떻게 비교할 수 있는지를 생각하면서 '크기'의 속성을 인식하게 될 것이다. 또한 영유아는 모래놀이를 하며 자신이 가진 용기에 모래를 담으면서 '부피'에 대한 속성을 자연스럽게 경험하게 된다.

3) 측정하기

어떤 사물의 길이가 얼마인지를 측정하기 위해서는 먼저 사물의 길이를 재기에 적합한 측정단위인 '자 또는 실'과 같이 길이 속성에 적합한 측정단위를 선택하여야 한다. 영유아가 활용하는 측정단위는 표준화 단위보다는 대체로 자신의 손 뼘이나, 발걸음과 같은 자신의 몸 및 주변의 친숙한 사물 등 임의단위다.

사물의 속성에 적합한 측정단위를 선택했다면 그다음은 올바르게 측정하는 기술을 익혀야 한다. 영유아가 경험하여야 할 측정의 기술은 다음과 같다.

- 시작점에서 출발하여 끝 지점까지 측정하기
- 동일한 크기의 측정단위(주로 임의단위)를 일관성 있게 사용하기
- 측정단위를 반복하여 사용할 경우 빈 공간 없이 배치하기
- 측정단위의 수를 정확히 헤아리기

과거에는 영유아 수학교육에서 측정이 중요한 내용으로 인식되지 않았다. 이는 측정 개념이 양과 길이의 보존성 또는 이행성 원리를 이해해야만 형성된다는 피아제 관점의 영향으로 측정활동은 영유아에게 너무 어려운 과제로 인식되었기 때문이다. 그러나 최근의 연구결과들은 영유아도 어느 정도 측정 개념을 이해하는 것으로 보고하였다(이정욱·이혜원, 2004; 황정숙, 1994; Clements, 1999; Clements & Stephan, 2004). Charlesworth 와 Lind(1995)는 영유아의 측정 개념은 처음에는 놀이와 모방의 단계를 거쳐, 사물을 직접 비교하고, 임의 측정단위를 사용하여 측정해 보면서 표준화 단위 사용의 필요성을 인식하게 되며, 나아가 표준화 단위를 사용하여 측정하는 것으로 발달해 간다고 보았다. 표준화 단위의 사용은 대체로 영유아기보다는 초등학교의 아동들이 하는 것으로 알려져 있다.

측정 관련 경험 및 활동

측정의 이해는 영유아기를 걸쳐서 발달한다. 일상생활에서 실제로 측정을 하기 위해서는 측정 가능한 속성을 알아차리고, 그에 적합한 측정단위를 선택할 수 있어야 하며, 이를 이용하여 실제로 측정하는 기술이 필요하다. 2019 개정 누리과정에서는 측정영역의 내용으로 일상에서 길이, 무게 등의 속성의 비교하기를 제시하고 있다. 그러나 유아기에는 측정 가능한 속성에 따른 비교하기와 순서짓기뿐만 아니라 임의단위를 활용한 측정 경험하기, 일상생활에서 어림하기를 사용한 측정을 경험할 수 있다. 영유아가 측정과 관련하여 할 수 있는 경험 혹은 활동을 살펴보자.

영아는 집에서 벽면에 붙어 있는 줄자에 키를 대 보면서 자신과 언니, 오빠의 키를 비교하고 순서 지어 보면서 측정을 경험하고, 산책 중 주운 나뭇잎을 차례대로 배열하고 어느 것이 더 큰 것인지 찾아보면서 측정 경험을 한다. 이와 같이 영유아의 일상생활에서 사물끼리 비교하고, 서열화하는 경험은 측정 개념의 발달에 도움이 된다. 영유

●그림 6-2● **나뭇잎 비교하기**

아는 두 물체의 길이 혹은 크기의 차이를 알기 위해 실물을 직접 비교해 보는 경험으로 부터 시작하여 세 개 또는 그 이상의 길이나 크기가 다른 사물들을 비교해 보고 차례대로 순서 지어 보는 것으로 발전해 나간다. 이때 교사는 영유아와 함께 '더 길다', '더 짧다', '똑같다', '더 많다', '더 적다', '더 무겁다', '더 가볍다' 등의 측정과 관련된 어휘를 그들의 연령에 따라 적절하게 사용하는 것이 바람직하다.

영유아가 놀이나 일상생활, 활동에서 다양한 사물을 측정하는 경험을 하게 되면 자연스럽게 사물에 따라 측정 가능한 속성이 다름을 깨닫게 되고, 측정 가능한 속성에 적합한 측정단위가 다르다는 것도 알게 된다. 영유아는 플레이도우를 나눌 때는 무게를 재야 하고, 종이비행기가 날아간 거리를 알기 위해서는 길이를 재야 하는 등, 대상의 측정 가능한 속성이 무엇인지 인식해야 한다. 즉, 종이비행기가 날아간 거리를 재는 측정단위는 플라스틱 용기나 양팔저울보다는 긴 나무 적목이나, 비닐 끈이 적합하다는 것을 알아야 한다. 교사는 측정해야 할 대상에 적절한 측정단위를 선택하도록 지원하여야 한다.

만 5세가 되면 손 뼘, 연필, 적목 등의 임의단위를 사용하여 실제로 측정활동을 해 보도록 한다. 이때 올바른 측정을 위해 필요한 측정 기술을 적용할 수 있어야 한다. 예를 들어, '누구의 종이비행기가 멀리 날아갔는지'를 알기 위해 유아는 나무 적목으로 종이비행기가 날아간 거리를 재어 볼 것이다. 올바르게 거리를 재기 위해서는 종이비행기를 날린 출발점부터 시작하여 재야 하며, 시작점부터 끝 지점까지 나무 적목을 빈 공간 없이 잘 맞추어 반복하여 배열하고, 나무 적목으로 측정한 횟수를 잘 헤아려야만 할 것 이다. 영유아 보육 · 교육기관에서의 이러한 놀이나 활동을 통하여 영유아의 측정 기술 이 더욱 정교화될 것이다.

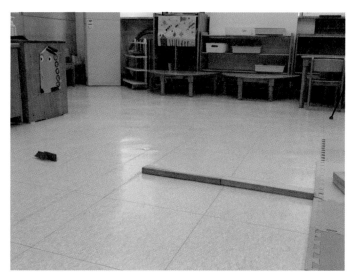

●그림 6-3● **종이비행기가 날아간 거리 측정하기**

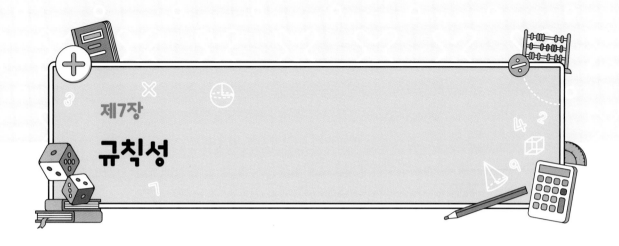

제7장

규칙성

규칙성은 수학의 학문적 체계에서 대수 영역에 해당한다. 대수라고 하면 y=2x+5와 같은 대수공식을 떠올릴 수 있다. 5에서 시작하여 x가 변화할 때 x의 두 배만큼씩 y가 변화하는 것을 나타낸다. 이는 사물 혹은 현상의 규칙적 변화 관계를 수와 기호를 사용하여 나타낸 것이다. 대수의 의미 자체는 실제 수 대신 문자를 사용하여 방정식을 푸는 방법을 말한다. NCTM(2000)에서는 취학 전-유치반-초등학교 2학년을 위한 대수의 내용 기준으로 패턴, 관계, 함수를 이해하기, 대수의 상징을 이용하여 수학적 상황과 구조를 나타내고 분석하기, 양적 관계를 나타내고 이해하기 위하여 수학적 모델 사용하기, 다양한 맥락에서 변화를 분석하기의 네 가지 영역을 제시하였다. 또한 NAEYC와 NCTM(2002)은 유아기 규칙성 교육내용으로 단순하게 반복되는 패턴인식과 패턴 따라하기를 제시하고 있다. 패턴은 주변 세계를 조직화하고 질서화하는 방식으로서 (Greenes & House, 2001) 사물과 현상의 규칙성을 이해하고 활용하는 것에 관한 것이다.

우리나라 교육 · 보육과정에서는 NCTM이 말하는 패턴을 규칙성이라고 한다. 만 3세 미만의 영아를 위한 제4차 어린이집 표준보육과정에서는 영아가 반복적인 일과 흐름을 경험하고, 일상생활과 놀이에서 자연스럽게 소리, 리듬, 동작, 모양 등에 나타나는 규칙성을 경험하며, 여러 가지 사물과 현상의 규칙성에 관심을 가지도록 제안하고 있다. 즉, 어린 영아가 놀이와 생활 속에서 규칙성에 관심을 가지고 경험함으로써 점차 규칙성을 인식해 나가게 될 것이다. 이러한 경험이 쌓이면서 영아도 규칙적 배열을 따라 해 볼 수 있게 될 것이다. 만 3세부터 만 5세 취학 전 유아를 위한 2019 개정 누리과정에서는 유아가 주변에서 반복되는 규칙성에 관심을 가지고 즐기며, 반복되는 배열에 숨어 있는 질서와 규칙을 발견하여, 다음에 올 것이 무엇인지 예측하도록 안내하고 있다. 즉, 유아기가 되면서 생활주변에서 일정한 순서로 반복하여 배열되는 구체물, 무늬, 그림, 음악 리듬, 율동, 일과의 순서 등을 경험하면서 규칙성을 발견하게 되고, 이러한 경험이 쌓이면서 다음에 올 것이 무엇인지 예측하는 활동까지 할 수 있게 된다. 유아기 말기가 되면 자신만의 규칙성을 만들어서 배열해 보는 경험까지 할 수 있다. 영유아가 여러 가지 사물이나 현상에서 규칙성을 찾아보고, 또한 규칙성을 예측하거나 규칙성을 만들어 보는 경험을 함으로써 대수의 토대를 갖추게 될 것이다. 대수적 사고의 가장 중요한 기초는 사물과 현상의 규칙성을 인식하고 추론하는 활동이라고 할 수 있다.

　생활 주변에서 반복되는 규칙성을 인식하고, 사물이나 현상에서 규칙성을 찾아보거나 다음에 올 규칙을 예측하고, 나아가 스스로 규칙적인 배열을 만들어 보는 활동을 영유아기부터 시작할 수 있으며, 이는 그들 자신의 생활에 적합한 풍부하고 다양한 규칙성에 노출될 때 가능하다. 여러 사물의 반복되는 패턴 혹은 옷이나 건축물의 디자인에 나타나는 무늬의 패턴을 보고, 반복되는 노래와 시의 리듬을 배우며, 동작활동에서 규칙적인 반복활동을 하고, 매일 규칙적으로 반복되는 일과를 경험함으로써 규칙성의 인식, 비교 분석, 예측을 경험하게 된다. 이는 영유아의 지적 발달에서 중요한 구성요소이자, 대수 개념의 기초가 된다. 따라서 영유아기부터 다양한 규칙성을 경험할 수 있는 관련 활동을 중요하게 다루어야 한다(차현화 · 홍혜경, 2005; 홍혜경, 2004; Nah, 2005).

1. 규칙성 이해의 발달

　영유아는 이른 연령부터 일상생활에서 옷, 생활용품, 건축물, 디자인, 노래, 일과 등의 다양한 사물과 현상의 규칙적 반복을 경험하면서 규칙성에 대하여 인식하게 된다. 피아제는 어린 영아도 일상생활에서 낮과 밤의 반복적 현상을 인지하고, 하루 중 되풀이되는 일과(수유, 낮잠, 기저귀 갈기 등)를 이해한다고 한다. 또한 영아들이 반복되는 노래나 리듬을 자주 접할 기회를 가짐으로써 규칙성을 자연스럽게 이해하게 된다(Charlesworth & Lind, 2002).

유아기는 규칙적으로 반복되는 다양한 무늬, 모양, 색상 등의 시각적 소재의 규칙성 활동을 함으로써 규칙성에 대한 이해가 급격히 증진되는 시기다. 반복되는 무늬나 모양에서 규칙성을 인식하고, 제시된 규칙대로 사물을 배치할 수 있으며, 다음에 올 규칙을 예측하기도 한다. 유아는 또한 흔히 부르는 노래의 리듬에서 반복되는 규칙성이 있음을 인식하고 즐기며, 노래에 맞추어 규칙성이 있는 율동을 한다. 유아기 말기가 되면 자신이 규칙성을 설정하여 규칙적 배열을 할 수 있으며, 언어적으로 규칙성을 설명하기도 한다. 초등학교 1, 2학년 무렵에는 복잡한 규칙성을 인식하는 능력과 스스로 규칙성을 만드는 능력이 향상되며, 다양한 방법으로 규칙성을 조작할 수도 있다(Seefeldt & Galper, 2004).

우리나라 연구로서 차현화와 홍혜경(2005)은 발자국 크기와 색을 이용하여 규칙적 관계를 표현할 수 있는지 알아보기 위하여 구체물로 규칙 구성하기(구체적 표상), 그림으로 표현하기(영상적 표상), 언어로 표현하기(언어적 표상) 과제를 유아에게 제시하였다. 이 연구에서 유아의 규칙성 이해의 발달 수준을 다음과 같이 밝혔다.

• 패턴의 인식 전 단계

이 수준의 유아는 규칙적 관계를 구체적, 영상적 혹은 언어적으로 표상하지 못한다. 예를 들어, 구체물을 규칙과 무관하게 무선적으로 늘어놓는 등 규칙성이 나타나지 않는다. 이 단계의 유아는 [그림 7-1]처럼 도토리와 밤 모형을 규칙성이 보이지 않는 양상으로 무선적으로 늘어놓았다.

제시된 패턴

유아가 따라 한 패턴

●그림 7-1● 제시된 패턴을 보고 따라 한 모습

• 패턴의 단순 인식 및 따라 하기 단계

이 수준의 유아는 규칙을 인식하고 구체물을 제시된 패턴 유형대로 단순히 모방하여 배열한다. 즉, 도토리와 밤 모형을 제시된 패턴대로 모방하여 배열하였다. 그러나 영상적 및 언어적 표상에서는 규칙성이 나타나지 않는다.

제시된 패턴

유아가 배열한 패턴

●그림 7-2● **제시된 패턴과 유아가 배열한 패턴**

• 패턴의 구성 및 전이 출현 단계

이 수준의 유아는 패턴을 여러 가지 방법으로 놓아 볼 수 있다. 구체물로 패턴을 나타낸 후 이를 다시 영상적(그림)으로 전이하여 표상하기도 한다. 그러나 언어적으로는 정확하게 규칙을 설명하지 못한다.

제시된 패턴

유아가 그린 패턴

●그림 7-3● **제시된 패턴과 유아의 영상적 표상**

• 복합적 패턴 구성 및 전이 단계

이 수준의 유아는 크기와 색깔의 두 가지 특성을 복합적으로 나타내는 패턴을 새롭게 구성하고 언어적으로도 설명한다. 또한 구체물로부터 영상적 표상으로, 영상에서 언어적으로 패턴을 전이할 수 있다.

"작은 밤, 작은 도토리, 그리고 큰 밤, 큰 도토리로 놓는 순서예요."
"별, 사랑표에, 파랑, 빨강이 규칙이에요."
……………

이 연구에서 보면 만 3세 유아는 패턴의 인식 전 단계와 패턴의 단순 인식 및 따라 하기 단계, 만 4세와 만 5세 유아는 패턴의 단순 인식 및 따라 하기 단계(4세가 조금 더 많은)와 패턴의 구성 및 전이 출현 단계(5세가 조금 더 많은)에 속하였다. 만 6세 유아는 패턴의 구성 및 전이 출현 단계와 복합적 패턴 구성 및 전이 단계에 속하는 것으로 나타났다.

2. 규칙성 인식 및 예측하기

규칙성을 인식하고, 다음에 올 규칙을 예측하기는 유아기에 주로 할 수 있는 활동이다. 그러나 영아기부터 생활 속에서 다양한 규칙성을 경험함으로써 규칙성에 대한 이해를 쌓아 가는 것이 바람직하다. 영유아가 경험하는 규칙성 관련 활동을 규칙성의 양상 및 규칙성이 나타나는 소재로 구분하여 살펴보고자 한다.

먼저, 영유아 수준에서 주로 나타나는 규칙성 양상은 대체로 ABAB, AABBAABB, ABBABB, AABAAB, ABCABC 등이 있다. 즉, '빨강 노랑 빨강 노랑'은 ABAB 규칙성이고, '세모 세모 동그라미 동그라미'는 AABB 규칙성이며, '쿵 짝짝 쿵 짝짝'은 ABBABB 규칙성이다. 우리의 일상생활 속에 자연스럽게 스며들어 있는 규칙적 변화 양상을 꼼꼼히 분석해 보면 다양한 규칙성을 발견할 수 있다. 영유아는 일상생활에서 반복되는 무늬, 패턴, 율동, 노래 및 리듬에서 주로 이런 양상의 규칙성을 경험하고 인식하게 된다. 여러 사상 및 사물의 배열에서 다음에 올 규칙성을 예측하는 것은 이와 같이 규칙성이 나타나는 양상을 파악한 후 가능하다.

　다음으로 일상생활에서 영유아가 규칙성을 접하는 흔한 소재로서 모양, 색 혹은 사물 등 시각적 소재를 들 수 있다. 즉, 내 방의 벽지나 선물 포장지, 무늬가 있는 그릇이나 옷, 규칙적 문양이 있는 건축물 등에서 여러 가지 무늬나 모양, 색 등의 규칙적 배열을 인식하는 것이다. 예를 들어, 영유아가 하는 활동 중 구슬 꿰기에서 '핑크, 연두, 연두, 핑크' 색깔의 구슬을 꿈으로써 색상의 규칙성을 경험한다. 또는 스티커를 '세모 하트 별 세모 하트 별' 모양으로 반복 규칙적으로 붙이면 모양의 규칙성이 된다. 또는 애니메이션 캐릭터를 전시할 때, '뽀로로, 뽀로로, 패티, 뽀로로, 뽀로로, 패티'를 배열하여 사물의 규칙성을 만들기도 한다.

●그림 7-4● **사물의 AABAAB 규칙성**

　색상, 모양 및 사물과는 조금 다른 소재의 규칙성으로, 보육·교육기관에서 영유아는 매일 규칙적으로 반복되는 일과 운영을 경험하면서 시간의 경과에 따른 활동 배치에서 규칙성을 발견할 수 있다. 영유아가 등원, 자유놀이, 손 씻기, 간식 등의 보육·교육기관에서의 하루 일과를 반복적으로 경험하고, 반복되는 일과에서 다음에 할 일을 예측하게 된다.

　또는 영유아가 즐겨하는 동작활동을 할 때 다양한 규칙성을 경험하는데, 동작활동 중에 '사과 같은 내 얼굴' 노래를 부르며 '발 구르기 두 번에 손뼉 한 번', 또 '발 구르기 두 번에 박수 한 번' 등으로 AABAAB의 반복되는 규칙성을 몸으로 체험한다. 혹은 '작은 별'을 부르며, '무릎 두 번, 손뼉 두 번' 율동을 하며, AABB의 반복되는 규칙성을 경험할 수 있다. 이러한 시간의 경과에 따른 규칙적인 순서의 활동 배치, 혹은 율동 관련

●그림 7-5● **일과운영표**

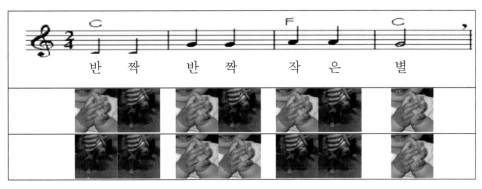

●그림 7-6● 〈작은 별〉 율동 악보

활동으로서 동작 및 소리의 반복적 규칙성은 구체물을 눈으로 보면서 규칙성을 찾는 것이 아니며, 동작, 소리 및 시간의 흐름에 따른 활동 등은 정지되어 있지 않고 지나가는 것이어서 조금 더 어려울 수 있다.

영유아가 더 성장하면 좀 더 추상적인 소재인 숫자나 기호 혹은 언어적 상징 등이 반복적으로 배열된 양상을 보고 규칙성을 인식할 수 있다. 그러나 영유아가 상징을 사용하는 자체가 어려운데 여기서 규칙성을 찾거나 추측하는 활동을 한다는 것은 영유아기를 벗어난 것으로 보인다.

규칙성 관련 경험 및 활동

영유아기에 하는 규칙성 관련 활동을 정리해 보면 다음과 같다. 즉, 규칙성의 탐색, 규칙성 모방하기, 다음에 올 규칙 예측하기, 자신의 규칙 만들기로 요약할 수 있다.

먼저, 영유아가 일상생활에서 마주치게 되는 규칙성에 관심을 가지고, 규칙성이 있는 사물, 현상, 활동 등을 탐색하는 것이다. 예를 들면, 영아는 햇빛이 있어 밝으며 여러 가지 많은 활동을 하는 낮이 지나고, 어둡고 조용하며 잠을 자는 밤이 돌아오는 밤과 낮의 규칙적 반복 현상을 경험하게 된다. 일상생활에서 선생님이 불러 주는 자장가에서 규칙적 리듬을 경험하고, 패턴이 있는 옷, 집의 타일, 벽지 혹은 포장지 등을 보면서 규칙성을 탐색하게 될 것이다. 또한 단단한 박스나 작은 북을 두들길 때 빠르게 혹은 느리게 두드림으로써 간단한 반복적 리듬을 경험하기도 한다.

영유아의 규칙성과 관련된 활동으로서 한 여자아이가 꽂고 온 머리핀에 있는 색깔의 반복적 변화에서 규칙성을 찾아보는 활동을 할 수 있다. 즉, 머리핀에서 분홍색, 노란색, 보라색이 반복됨을 보고 ABC의 반복적 규칙성을 찾아본다. 이와 같은 규칙성의 탐색은 규칙성을 이해하고 예측하기의 기초가 될 것이다.

규칙성이 있는 사물, 현상 등을 많이 경험하고, 또 그 규칙성을 찾아보는 활동 경험이 쌓이면서 자연스럽게 제공된 규칙에 따라 사물을 배열하거나 그리게 될 것이다. 예를 들어, 교사가 제공하는 ABCABC 규칙의 색동저고리 색칠하기를 한다면 규칙성의 모방 활동이라고 할 수 있다.

●그림 7-7 ● 색동저고리 색칠하기

다음으로는 규칙성을 단순히 인식하는 단계를 넘어서서 그 규칙성에 근거하여 다음에 올 사물이나 현상을 예측하는 활동을 할 수 있는데, 앞서 제시한 머리핀 예에서 분홍색, 노란색, 보라색 다음에는 분홍색이 온다는 것을 예측하거나, 일과에서 간식 전에 손 씻기를 한다는 것을 예측할 수 있게 된다. 규칙성을 예측하기는 먼저 사물과 현상에 나타나는 규칙적 변화 양상을 분명하게 파악한 다음에 할 수 있을 것이다.

많은 규칙성을 경험하고, 규칙성에 대한 이해가 발달된 후에는 영유아가 스스로 다양한 소재로 특정 양상의 규칙을 설정하여 간단한 규칙성을 만들어 보는 경험까지 할 수 있다. 영유아가 규칙성을 창조하는 활동은 미술시간에 그리기 및 만들기 활동에서, 노래 부르기 시간의 동작 혹은 율동에서 흔히 나타날 수 있다.

규칙성 관련 활동에서 교사의 역할을 살펴보면 다음과 같다. 영유아가 규칙성에 대하여 인식하고, 다음에 올 규칙성을 추론할 수 있게 되려면 교사가 우선 일상생활 및 영유아의 놀이에서 규칙성이 있는 현상이나 사건, 사물들을 파악하고, 영유아가 이에 집중하도록 이끌어 주어야 한다. 교사는 영유아가 일상생활 혹은 활동 속에서 모양, 색, 동작활동, 숫자 및 기호, 언어 등의 형태로 나타나는 다양한 반복적 규칙성에 주의를

기울여 규칙을 발견하도록 힌트를 주는 등 상호작용을 하여야 한다. 또한 일과 구성이
나 활동을 계획할 때 이를 규칙적으로 되풀이하도록 계획함으로써 영유아가 일상에서
규칙성을 쉽게 접하고 이해하도록 돕는 일도 중요하다.

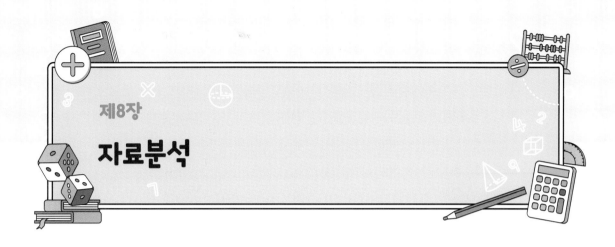

제8장

자료분석

자료분석은 탐구하고자 하는 문제를 해결하기 위하여 낱개의 자료를 일정한 기준에 따라 수집, 분류하고, 분석하여 결론을 이끌어 내는 활동을 말한다. 이는 수학의 학문적 체계에서 통계 영역에 속한다. NCTM(2000)에서는 자료분석과 확률로 제시하고, 취학 전–유치반–초등학교 2학년의 주요 교육내용으로 자료수집과 조직, 자료분석을 위한 적절한 통계적 방법의 선택과 활용, 자료에 기초한 추론과 예측 능력의 발달과 평가, 확률의 기본적인 개념 이해와 적용 네 가지 영역으로 구성하였다. 또한 NAEYC와 NCTM(2002)은 영유아기 통계교육의 주요 내용으로 자료를 수집하고 분류하여 표나 그래프로 나타내고, 이를 바탕으로 결론을 끌어내도록 제시하고 있다.

우리나라 만 3세 미만의 영아를 위한 제4차 표준보육과정에서는 '주변 사물의 같고 다름에 따라 구분'하도록 안내하고 있다. 이는 사물을 기준에 따라 '분류하기'의 기초 내용에 해당된다. 만 3세부터 만 5세 유아를 위한 2019 개정 누리과정에서는 '일상에서 모은 자료를 기준에 따라 분류하기'를 제시하고 있는데, 이를 유아기의 자료분석의 주요 내용으로 삼고 있다. 이는 유아가 주변의 사물이 서로 같은지 다른지를 구별하고, 필요에 따라 자료를 모으고, 모은 자료를 한두 가지 기준에 따라 분류하는 내용이다. 더 나아가 분류한 자료를 체계적으로 조직하여 그래프, 표를 활용하여 결과를 나타내어 보는 경험을 할 수 있다.

더 나아가 자료분석 활동은 자료를 수집하고 분석하며, 이 과정에서 자료를 조직하여 제시하고, 설명하는 것뿐만 아니라 수집된 정보를 기초로 의사결정을 하고 다음에 올 것을 예측한다(NCTM, 1989). 영유아가 자료를 수집하고 이를 분류하고 비교 분석하면서 추후 동향을 예측하는 경험을 하는 것은 확률적 사고의 기초가 될 것이다. 또한 자료를 조직하고 분석하는 과정에서 분류하기, 수세기, 상징적 형태로 나타내기 등 종합적인 수학 기술을 습득하고, 의사소통과 문제해결 과정을 경험할 수 있다.

1. 분류하기

자료를 수집하여 분석하기 위해서는 먼저 자료를 분류하여야 한다. 자료 분류하기는 통계의 기초로서 영유아기에 습득해야 할 주요 능력이다. 이는 영유아가 사물의 속성에 따라 유목화하는 논리적 조작활동이다. 비슷한 속성을 가진 것끼리 모을 수 있는 분류 능력은 사물들 간의 관계를 고려해야 하므로 논리적 사고의 기초가 된다.

• 단순 분류(simple classification)

사물의 크기나 모양, 색깔과 같이 현저하게 눈에 띄는 공통된 한 가지 속성에 따라 분류하는 것을 의미한다. 예를 들면, 여러 모양과 색깔의 구슬이 혼합된 구슬 꿰기 자료를 '노란색 구슬'과 '파란색 구슬' 등으로 구분하는 것은 한 가지 속성인 색깔로만 분류한 단순 분류이다.

• 복합 분류(multiple classification)

한번에 두 가지 이상의 속성에 따라 사물을 분류하는 것으로서 한 사물이 여러 가지 속성을 가질 수 있다는 것을 이해해야만 가능하다. 복합 분류는 사물의 크기와 모양, 색깔을 동시에 고려하여 분류하는 것이다. 즉, 크고 빨간 공 및 작고 빨간 공으로 분류하거나, 크고 노란 블록 및 작고 노란 블록으로 크기와 색깔의 두 가지 속성을 동시에 고려하여 분류하는 것이다.

• 유목포함(class-inclusion)

사물들이 그 속성에 따라 부분 유목으로 분류되고, 분류된 부분 유목들은 더 큰 유목에 포함된다는 위계적 관계를 이해하는 것이다. 즉, 사과와 딸기는 과일이라는 더 큰 유목에 포함됨을 이해하는 것을 의미한다. 유목포함 과제는 복합 분류 과제보다 더 높은 수준의 인지 능력을 필요로 하는 것으로 영유아기에는 어려운 과제다.

분류 능력은 영아기부터 발달한다(Piaget & Inhelder, 1959). 감각운동기의 영아들도 자신의 감각을 이용하여 주변 세계를 탐색하고 사물의 특징과 속성에 따라 사물의 차이를 인식한다. 만 2세경의 영아는 공통된 속성에 대한 인식은 가능하지만 공통된 속성에 따라 일관성 있게 분류하기는 어렵다. 만 3세경의 유아들은 사물의 같고 다름을 살펴보고 비슷한 것끼리 모을 수 있으며, 만 4세 유아 중 일부는 사물의 크기나 모양, 색깔과 같이 눈에 띄는 한 가지 특징에 따른 단순 분류가 가능하다. 만 5세경의 유아는 한 가지 준거에 따라 분류한 후 또 다른 준거에 따라 재분류할 수 있다. 즉, 낮은 수준의 복합 분류가 나타난다. 또한 만 5세경에 과일, 동물 등 유아에게 친숙한 사물의 유목포함의 개념이 나타나기 시작한다.

영유아의 분류 능력에 대한 연구결과들에 의하면, 영유아는 연령이 증가하면서 한 가지 속성에 따라 사물의 공통점을 찾는 단순 분류에서부터 두 가지 이상의 속성을 고려하여 분류하는 복합 분류와 유목포함 순으로 단계적으로 발달하는 것으로 밝혀졌다(Piaget & Inhelder, 1964; 신희영, 1991).

2. 자료 조직하기

문제를 해결하기 위해 수집된 자료를 분석하고 이에 대하여 효율적으로 의사소통하기 위해서는 자료를 조직화하는 것이 필요하다. 만 3~5세 유아들도 자신이 모은 자료를 자신의 방법으로 조직할 수 있다고 한다(Crucio & Folkson, 1996).

영유아가 자료를 체계적인 방법으로 조직하고 결과를 전체적으로 알아볼 수 있도록 하기 위한 방법으로 그래프를 만들 필요가 있다. 그래프 만들기는 수집된 자료를 조직하고 기록하는 하나의 방법이며, 문제해결의 도구로 활용된다. 유아의 그래프 만들기는 분류하기, 순서짓기, 부분과 전체, 수 개념과 같은 수학적 개념과도 연계되어 있으며 문제해결력과 논리적 사고를 향상시킨다.

　　그래프 만들기는 다섯 단계의 발달을 거친다. 즉, 실물그래프, 그림그래프, 상징그래
프, 막대그래프, 다이어그램 혹은 꺾은선그래프를 지칭하는 높은 수준의 그래프인데, 유
아기에는 실물그래프, 그림그래프, 상징그래프 만들기까지 할 수 있다(Charlesworth &
Lind, 1995).

　• 실물그래프

　　이 단계에서는 실물을 이용하여 그래프를 만들어 비교할 수 있다. 주로 실물들을 일
대일 대응하거나 높이 또는 길이를 시각적으로 보고 비교한다.

●그림 8-1● **실물그래프**

　• 그림그래프

　　주로 큰 종이 위에 그림이나 사진을 오려 풀로 붙이거나 색칠을 하여 그래프를 만든
다. 이는 실물그래프보다 더 영구적으로 기록할 수 있다.

●그림 8-2● **그림그래프**

• 상징그래프

칸이 그어진 도표에 상징을 이용하여 그래프를 만든다. 이때에는 실물이나 구체물의 그림 등이 필요하지 않고 주로 ○, × 등의 상징기호를 사용하거나 세모, 네모, 동그라미 등을 활용한다.

●그림 8-3● **상징그래프**

• 막대그래프

눈금이 그려진 종이를 사용하고 네모 칸 안에 색칠을 하여 막대 모양을 그리면서 그 래프를 만든다.

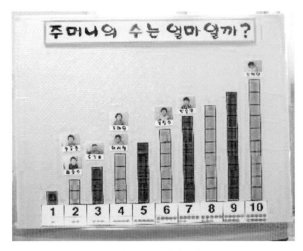

●그림 8-4● **막대그래프**

• 높은 수준의 그래프

다이어그램이나 꺾은선그래프를 사용하는 단계다. 다이어그램은 정보를 상징화하여 2차원 기하학 모델로 시각화하는 것이다. 꺾은선그래프는 기온이나 강우량의 변화를 보여 주는 데 유용한데, 이때는 X축과 Y축이 만나는 지점에 표시를 한 후, 이전의 점과 다음의 점을 연결한다.

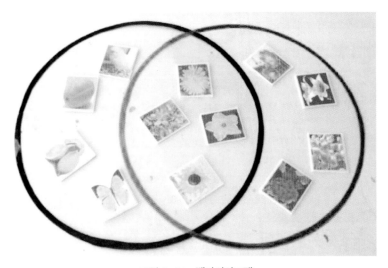

●그림 8-5● **벤다이어그램**

자료분석 관련 경험 및 활동

영유아는 사물들을 같은 것끼리 짝짓는 활동을 할 때에 사물의 속성에 주의를 기울이게 된다. 사물의 속성에 따라 분류하기 때문에 이러한 짝짓기 활동을 통하여 분류의 기초를 습득해 나간다. 더 나아가 현실에서 부딪힌 문제를 해결하기 위하여 주변의 여러 가지 정보와 자료 중에서 필요한 정보나 자료를 수집한다. 다음 단계에서는 수집한 자료를 분류하고 비교 분석하여 해결책을 찾는다. 이 과정에서 자료를 적절하게 조직화하여 나타냄으로써 의사소통을 원활하게 한다.

영아는 일상의 사물 중에서 같은 것과 다른 것을 찾아보는 경험을 통하여 분류하기의 기초를 쌓을 수 있다. 예를 들어, 같은 색깔의 옷을 입은 친구와 짝이 되기, 같은 장난감끼리 한 바구니에 담기, 같은 모양이나 색깔의 구슬로 목걸이 만들기 등의 놀이는 영아가 같고 다름에 대한 자신의 기준에 따라 사물을 분류하는 놀이 혹은 활동이라고 할 수 있다.

더 나아가 어린 유아는 여러 가지 자료를 한 가지 기준으로 분류해 보는 정도로 하고, 더 나이 든 유아는 이들을 다른 기준으로 재분류하는 경험을 함으로써 가장 적절한 자료 분류 및 정리 방법을 찾을 수 있게 된다. 즉, 산책길에서 여러 가지 나뭇잎을 주워 온 후 모양이나 색깔, 크기 등 한 가지 기준에 따라 분류해 본다. 그 후 이 나뭇잎들을 앞서 했던 것과 다른 기준으로 다시 분류해 봄으로써 사물을 여러 가지 기준으로 분류하는 경험을 한다.

또한 분류된 자료를 보고, 어떤 나뭇잎들이 가장 많은지 혹은 적은지 결론을 내리는 분석의 과정을 거친다. 이때에 자료를 보기 쉽게 나타내기 위하여 그래프를 만들어 봄으로써 자료를 조직하는 능력을 기를 수 있다. 유아들이 이해하기 쉽게 그림이나 사진을 붙이는 방법으로 그래프를 만들 수도 있고, 조금 더 발전하면 기호나 숫자를 사용할 수도 있다. 예를 들어, 우리 반 유아들이 가장 좋아하는 간식을 알기 위하여 좋아하는 간식을 조사한 다음 이들을 종류에 따라 분류하고, 각 간식을 선택한 유아들의 수를 그래프로 나타내고, 마지막으로 우리 반 유아들이 가장 좋아하는 간식을 찾아낼 수 있다. 혹은 동화책 『프레드릭』을 읽고 주인공 프레드릭이 모은 것들을 벤다이어그램으로 나타내 본다.

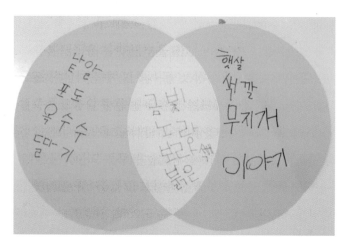

●그림 8-6● 프레드릭의 벤다이어그램

　자료분석과 관련된 활동에서 교사는 영유아가 사물의 같고 다른 속성에 주의를 기울이도록 코멘트해 주는 것이 중요하다. 같고 다름을 인식하여야 사물을 이에 따라 분류할 수 있게 된다. 또한 영유아가 나름의 기준을 갖고 분류하도록 지지해 주는 것이 중요하다. 교사는 영유아가 선택한 기준에 따라 분류하고 어떤 기준에 따라 분류했는지 이야기하도록 격려해야 한다. 또한 영유아가 선택한 기준 이외의 다른 기준에 따라 재분류해 보도록 권함으로써 영유아가 사물을 분류하는 여러 가지 기준이 있음을 인식하게 도와줄 수 있다.

　일과 중에 일어나는 문제 상황을 해결하기 위해서 영유아와 함께 자료를 모으고, 모은 자료를 분류하고, 비교 분석하여 의미 있는 결론을 이끌어 내는 것은 문제해결의 과정을 경험하는 중요한 활동이 될 것이다. 자료를 수집하고 분석하는 활동은 단순히 분류하기에서 끝나는 것이 아니라 문제해결을 위해 필요한 것임을 영유아들이 인식하도록 도와야 한다.

제**3**부

영유아 수학교육의 방법과 지원

　제3부에서는 2019 개정 누리과정과 제4차 표준보육과정이 추구하는 놀이중심 교육에 근거한 영유아 수학교육의 방법과 영유아 수학교육을 위한 지원과 관련된 것을 다룬다. 먼저, 제9장의 영유아 수학교육 방법에서는 놀이중심 수학활동과 문제해결 중심의 수학활동이 어떻게 이루어지는지를 알아본다. 영유아의 수학활동이 어떻게 놀이 속에서 시작되고, 놀이의 과정에서 전개되며, 마무리되는지를 놀이 과정의 모형을 통해 소개할 것이다. 또한 문제해결 중심 수학활동은 영유아가 놀이 및 일상생활에서 만나게 되는 문제를 해결하는 과정과 이러한 과정에서 수학적 과정이 활용될 수 있는지 예를 들어 소개한다. 제10장 영유아 수학교육 환경에서는 영유아의 수학교육을 지원하기 위한 환경 구성과 유의점을 기술하고, 제11장은 영유아 수학교육 평가로서 놀이중심 교육에서 영유아의 수학능력 향상을 위한 관찰과 지원을 구체적으로 기술한 후 예들을 제시한다. 제12장 놀이중심 수학활동 실제에서는 놀이중심 수학활동과 문제해결 중심 수학활동을 현장에서 적용한 예를 소개한다. 이는 각 현장의 사정과 영유아의 흥미 및 발달 수준에 따라 다양하게 변형되어 적용될 수 있다.

영유아 수학교육은 일상생활 경험, 놀이, 놀이와 연계한 활동을 통하여 이루어질 수 있다(교육부・보건복지부, 2019b; 보건복지부, 2020). 영유아는 일상생활에서 만나는 다양한 사물, 사건, 자연현상 등을 탐색하고 경험하면서 수학 관련 배움이 일어날 수 있다. 예를 들어, 엘리베이터의 층을 나타내는 숫자가 점점 커질수록 아파트 층이 더 높아짐을 경험하면서 수의 의미를 이해하게 된다. 또한 영유아가 즐기는 여러 가지 놀이 속에서 자연스럽게 수 개념, 도형, 공간, 분류 등의 개념을 배우기도 한다. 교사는 영유아가 주도하는 놀이의 내용과 연계한 활동을 제안함으로써 수학 관련 학습을 할 수 있다. 예를 들어, 영유아가 현재 하고 있는 놀이와 관련된 동화 듣기, 노래 부르기, 요리하기, 게임 등을 한다면 그들의 흥미와 관심을 유지하면서 관련 내용을 배우게 될 것이다. 혹은 자신의 놀이를 친구들에게 소개하기, 놀이 규칙 정하기, 특정 관심사에 대하여 알아보기 등에 관한 이야기 나누기를 할 수도 있을 것이다. 한편, 교사가 영유아의 놀이를 지원하기 위하여 여러 가지 활동을 계획했더라도 영유아가 다른 것에 관심을 가진다면 이를 수정하여 영유아가 원하는 활동을 할 수 있도록 해 주어야 한다.

이 장에서는 영유아 수학교육을 위한 방법의 주요 유형으로서 놀이중심의 수학활동과 문제해결 중심의 수학활동에 대하여 설명하고, 놀이중심 및 문제해결 중심 수학활동의 기본적인 절차를 소개하며, 그 예를 제시하고자 한다. 교사와 영유아는 놀이나 활동의 유형에 따라 여기에 제시된 절차에 얽매이지 않고 다양하게 변형된 절차를 만들어 가면서 적용할 수 있다. 모든 활동은 통합적 수학활동을 추구하고 있으며, 교사와 영유아가 만들어 가는 활동이다.

1. 놀이중심의 수학활동

1) 놀이중심 교육과정의 이해

2020년에 발표된 제4차 어린이집 표준보육과정과 2019 개정 누리과정에서는 영아 및 유아를 위한 영유아 중심 및 놀이중심 교육을 표방하고 있다. 그 이전의 교육과정에서도 놀이를 교육의 기본 정신으로 강조하였지만, 교사가 놀이스러운 활동을 활용하여 보육·교육서비스를 영유아에게 제공하는 편이었다. 즉, 놀이스럽기는 하지만 교사가 교육활동을 사전에 계획하고 조직하여 제공함으로써 구조화된 수업을 진행해 나가는 경향이 있었다. 이러한 교육에서는 영유아가 스스로 놀이를 시작하고, 즐기기보다는 교사가 미리 준비한 활동을 통하여 지식을 가르치는 것에 집중하게 된다.

제4차 표준보육과정과 2019 개정 누리과정에서는 영유아가 경험하면서 스스로 배우는 것에 초점을 두고 있다. 영유아가 자신들이 좋아하는, 하고 싶은 놀이를 선택하여 즐겁게 놀이하는 과정에서 필요한 지식, 기술, 태도 및 가치 등을 배울 수 있도록 하는 것이다. 이때에 교사는 특정 지식을 가르치려고 활동을 고안하여 제공하기보다는 영유아의 자율적인 놀이 속에서 습득하도록 지원하는 역할을 한다. 즉, 교사가 가르치지 않아도 영유아가 놀이하며 스스로 배울 수 있음을 이해하고, 교사가 조직하고 이끌어 가는 교사 중심이 아니라 학습자가 주체가 되어 놀이에 자유롭게 참여하고, 자신의 방식으로 이끌어 가는 영유아 주도 놀이가 핵심이다. 성인의 간섭이 최소화되고 영유아의 놀이 선택 및 참여권이 인정되는 상황에서 영유아가 다양한 놀이 환경에서 탐색하고 상호작용하면서 영유아 주도의 놀이가 일어날 수 있다. 교사는 영유아가 상황과 맥락에 따라 스스로 만들어 가는 놀이를 존중하고 이들의 놀이가 의미 있게 지속되고 발전될 수 있도록 놀이 공간 구성 및 놀이 자료를 제공함으로써 지원하여야 한다. 이러한 과정을 통하여 영유아와 놀이중심 교육과정을 실현하고자 한다. 한마디로 현재 적용하는 표준보육과정과 누리과정은 교사의 '가르침' 중심이 아니라 영유아의 '배움' 중심이라고 할 수 있다.

영유아가 획득해야 하는 교육과정 내용을 놀이 경험을 통하여 자연스럽게 습득하도록 한다는 것이 기본 방향이다. 이때에 영유아는 놀이하면서 자연스럽게 교육과정의 모든 영역을 경험한다. 즉, 영아는 기본생활, 신체운동, 의사소통, 사회관계, 예술경험, 자연탐구의 6개 영역, 유아는 신체운동·건강, 의사소통, 사회관계, 예술경험, 자연탐구의 5개 영역을 통합하여 경험하도록 한다. 제4차 표준보육과정과 2019 개정 누리과정에서 6개 영역 혹은 5개 영역을 제시하고 있지만 이들을 분절하여 이해하거나 특정 교과 또는 연령별로 가르쳐야 하는 세부 내용으로 보지 말아야 한다. 즉, 영유아는 일상생활이나 놀이를 하면서 6개 영역 혹은 5개 영역을 통합적으로 경험한다. 영유아와 놀이중심 교육과정의 운영은 곧 이들 6개 영역 혹은 5개 영역의 통합적 실천이라고 할 수 있다.

영유아와 놀이중심 교육에서는 교사가 주도적으로 활동을 계획하는 것이 아니라 교사와 영유아가 함께 교육과정을 만들어 간다. 즉, 발현적 교육과정이라고 할 수 있다. 영유아가 주도권을 행사하는 놀이중심의 배움을 실현하기 위하여 교사가 계획안을 사전에 작성하는 방식을 최소화하고, 교사는 영유아의 놀이를 관찰하여 이를 확장, 심화, 발전시키도록 지원함으로써 영유아와 교사가 함께 교육과정을 만들어 간다.

영유아와 놀이중심 교육을 실현하기 위하여 교사는 영유아의 일상생활 경험이나 놀이가 교육적 가치를 가지도록 지원해 주어야 한다. 즉, 교사는 놀이의 특성, 의미, 가치를 이해하고 적절한 환경구성과 영유아와의 상호작용을 통하여 영유아가 놀이에 몰입하고 놀이를 확장하도록 돕는 놀이 지원자의 역할을 하여야 한다. 먼저, 영유아가 자신의 흥미와 관심에 따라 놀이에 자유롭게 참여하고, 영유아가 주도하는 놀이가 되기 위하여 교사는 간섭과 통제를 최소화하고 그들에게 자율권, 주도권을 주어야 한다. 이때에 최소한의 놀이 규칙과 안전 등을 고려할 필요는 있다.

다음으로 놀이가 끊임없이 이어지고, 새롭게 생성되어 가는 연속적 과정에서 놀이가 확장되고 발전되도록 교사는 놀이 자료 및 공간을 포함하여 적절한 환경을 구성해 주어야 한다. 더 나아가 교사가 놀이자로 참여하여 영유아와 상호작용하면서 자연스럽게 놀이를 발전시킬 아이디어를 제공하거나, 새롭게 변형된 놀이를 제안하는 등의 방법으로 놀이를 지원할 수 있다. 예를 들면, 현재 영유아가 밧줄로 거미줄을 만들고 술래인 거미가 곤충 역할을 하는 영유아를 잡으려고 거미줄을 건너다니는 놀이를 하다가 조금

시들해질 때, 교사가 스파이더맨 옷을 제공함으로써 스파이더맨이 이미 잡힌 유아들을 구출해 주는 놀이로 진화한다면 더 재미있고 활기찬 놀이가 될 수 있다.

2) 놀이중심 수학활동의 과정

놀이중심의 수학활동은 대체로 영유아가 놀이를 만나기, 그 놀이에 빠져들기, 그리고 조금 다른 놀이로 변환되거나 심화, 확장되어 이어지기, 마지막으로 그들이 한 놀이에 대하여 또래 혹은 교사와 공유하면서 들여다보고 반성하는 과정으로 이루어진다고 볼 수 있다. 물론 놀이에 따라서 이러한 과정을 모두 거치지 않거나, 일부 단계에서 오랜 시간 동안 머무를 수도 있을 것이다.

한편, 유아는 이 단계들을 모두 거치는 놀이로 발전될 수 있지만 어린 영아의 경우는 여러 단계를 거치기보다는 짧고 단편적인 놀이만을 반복적으로 하는 경우가 많다. 즉, 단순히 모래를 담고 붓기를 반복하거나, 열매와 나뭇잎, 꽃들을 탐색하기만 할 수도 있고, 열매를 음식으로 먹는 단순한 소꿉놀이에 빠져들기도 한다. 특히 어린 영아들은 놀이가 끝난 후 어느 정도의 시간이 지나면 자신의 놀이를 정확히 기억해 내거나

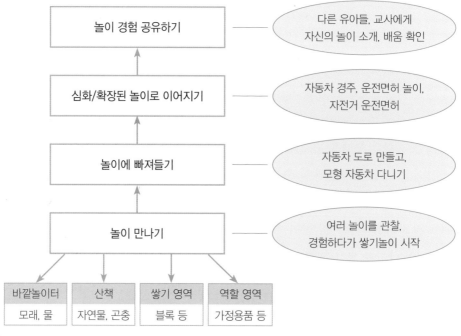

●그림 9-1● 놀이의 과정

언어적으로 설명하는 것이 어렵기 때문에 다른 사람과 공유하기는 하지 못할 수도 있다. 그러나 교사가 자료를 지원하거나 언어적 자극을 함으로써 놀이를 어느 정도 확장할 수 있다. 예를 들어, 배변훈련을 하는 만 1~2세 영아들이 『엄마, 나 응가했어요』라는 동화를 듣고, 플레이도우로 응가 만들기를 한 후, 그 응가들을 담을 수 있는 봉지를 제공하면 영아들이 자신이 만든 응가들을 가지고 다니면서 다른 또래가 만든 응가와 크기를 비교하는 놀이로 어느 정도 확장된다. 따라서 어린 영아는 놀이의 과정 단계를 모두 거치지 않고, 주로 탐색하고, 단순한 놀이를 반복적으로 하더라도 그 과정에서 배우고 성장하므로 교사는 이러한 반복적인 탐색활동을 지원하도록 해야 한다.

(1) 놀이 만나기

먼저, 영유아가 어떻게 놀이를 만나는지를 알아보자. 유치원 혹은 어린이집에서 실내외 환경을 탐색하는 가운데 자신의 흥미와 관심에 따라 놀이를 시작하게 될 것이다. 바깥놀이터의 고정된 놀이기구에서 놀이를 시작할 수도 있고, 모래를 파다가 재미있는 놀이를 시작할 수도 있다. 또는 계절의 변화에 따라 새롭게 만나게 되는 눈, 얼음, 비 등의 자연현상이나 달팽이, 애벌레, 곤충, 꽃이나 나뭇잎, 도토리 혹은 다른 열매 등 여러 가지 자연물이 영유아의 놀이를 촉진할 수 있다.

실내에서 교사가 제공하는 놀이 자료, 자원 등도 영유아가 놀이를 시작하게 하는 요소가 될 수 있다. 실내 교실에 상시 배치되어 있는 블록으로 놀이가 시작될 수 있고, 새롭게 투입해 주는 자료로부터 놀이가 시작될 수도 있을 것이다. 예를 들어, 생활주제 '가족' 단원과 관련하여 교사는 역할놀이 영역에 가족들이 주로 사용하는 물건, 즉 엄마의 핸드백과 구두, 아빠의 넥타이와 지갑, 아기 유모차, 할머니의 지팡이 등의 자료를 비치한다. 그러면 영유아는 자연스럽게 가족과 관련된 소꿉놀이를 하게 될 것이다. 영유아가 자연스럽게 놀이를 만나도록 하기 위하여 다양한 놀잇감 제공도 중요하지만 그들의 놀이 욕구를 자극할 수 있는 공간 구성도 중요하다. 예를 들어, 휘장을 친 아늑한 공간, 영유아만 들어갈 수 있는 계단 아래 작은 공간 등은 영유아가 놀이를 하고 싶도록 자극할 것이다.

한편, 현재의 영유아교육 접근은 영유아가 중심이 되는 놀이를 표방하지만 영유아가 항상 놀이를 먼저 시작하지는 못할 수도 있다. 물론 영유아가 환경을 충분히 탐색하고, 다른 영유아의 놀이를 바라보면서 자신의 놀이를 찾아갈 수도 있다. 그러나 영유아가 놀이를 시작하지 못하거나 자신 없어 할 경우 교사가 먼저 그들에게 특정 놀이를 권하거나 놀이를 제안할 수 있으며, 놀이 자료를 소개하고 놀이 방법을 알려 주어 영유아가 놀이를 만나도록 도울 수도 있다.

(2) 놀이에 빠져들기

영유아가 하고 싶은 놀이를 만나면 주도적으로 놀이를 이끌어 나가고, 자연스럽게 놀이에 빠져들 것이다. 놀이의 특성은 재미와 기쁨, 즐거움의 정서 상태를 수반한다. 놀이의 순수성인 재미와 즐거움은 영유아들을 놀이에 몰입하도록 만든다. 특히 교사와 국가수준 교육과정이 영유아에게 일방적으로 부여하는 활동이 아닌 그들의 내부에서 일어난 욕구와 동기가 원동력이 되어 나타난 놀이는 영유아가 자발적으로 참여하고, 주의를 기울이고, 끈기 있게 집중하게 된다.

그 예로서 영유아가 역할 영역에 비치된 자료들을 보고, 처음에는 엄마의 핸드백을 들고, 구두를 신어 보는 등 탐색하는 단순한 행동들을 반복적으로 하다가 점점 그들은 자신의 놀이에 빠져들 수 있다. 영유아는 엄마, 아빠의 역할로서 요리하기를 자주 하는데, 그들은 찰흙덩이를 작게 자르고, 나뭇잎을 씻는 등의 활동을 하면서 밥상 차리기 놀이에 빠질 수 있다. 이러한 놀이에서 영유아는 양과 관련된 경험을 하고, 자료의 특성에 따라 구분하고, 분류하기 등의 수학 관련 경험을 하게 된다. 이때에 어린 영아들은 자르고, 씻는 등의 단편적이고 반복적인 활동으로 끝날 수도 있지만, 이는 그들의 발달수준에 적절하게 놀이하는 것이다.

(3) 심화/확장된 놀이로 이어지기

영유아는 재미있는 놀이를 단순히 반복하며 즐기기도 한다. 반복하여 즐기는 가운데 그들은 새롭게 배운 개념을 확고히 하고, 필요한 기술을 익힌다. 그러나 많은 경우에 영유아는 자신이 하던 놀이를 심화하거나 확장하면서 놀이를 즐긴다. 즉, 규칙을 다르게 변형하거나, 하던 놀이에 이어서 좀 더 발전된 새로운 놀이를 창조하기도 한다.

이때에 교사가 영유아의 놀이를 적절하게 지원하고 개입하면 더 발전되고 의미 있는 놀이로 심화 혹은 확장되기 쉽다. 즉, 영유아의 놀이가 단순 반복적이거나 더 이상 의미 있게 진전되지 않을 경우, 교사가 새로운 놀이자료를 투입해 주거나 더 발전된 놀이 아이디어를 제안한다면 다른 놀이로 효율적으로 전환될 수 있다. 앞서 제시한 예에서 밥상 차리기를 한 후 유아의 경우에는 교사가 음식점 놀이를 하도록 제안하면 더 심도 있고 발전된 놀이로 변형되어 의미 있는 놀이를 이어 나갈 수 있을 것이다. 이러한 놀이 과정에서 예산에 적절한 음식 주문하기, 음식값 계산 등 수학과 관련된 배움을 경험할 수도 있다. 교사는 영유아의 눈높이에서 많은 상호작용을 하면서 그들의 놀이가 확장되도록 도와야 한다.

(4) 놀이 경험 공유하기

영유아의 흥미롭고 자발적인 놀이는 끝이 없다. 한 놀이가 다른 놀이로 꼬리에 꼬리를 물고 이어질 것이다. 그러나 하루 일과의 절차상, 점심이나 귀가 시간 등 놀이를 마무리해야 하는 시간이 다가온다. 놀이를 마치면서 영유아는 자신이 재미있었고, 의미 있었던 놀이를 다른 영유아 및 교사와 공유하고, 자신의 놀이를 회상하며, 그 의미를 생각해 보고, 다음의 놀이를 어떻게 할 것인지 계획을 이야기할 수 있다. 이때에 교사는 영유아와 상호작용하면서 어떤 배움이 일어났는지 확인하는 것이 필요하다. 예를 들어, 교사는 밥상 차리기 놀이에서 영유아가 한 "엄마 밥이 내 밥보다 더 많았어요."라는 표현을 통해 수학의 크기 비교에 대한 배움이 일어났음을 알아차린다. 이러한 배움의 확인은 다음 활동 계획에 반영된다. 즉, 교사가 영유아의 배움의 수준을 파악하는 것은 다음 활동을 위한 자료 등의 지원 계획을 효율적으로 할 수 있도록 해 준다. 영아의 경우는 활동이 끝난 후에 자신이 한 활동을 회상하면서 공유하기 어렵기 때문에 이들의 놀이를 교사가 더 주의 깊게 관찰하면서 어떤 배움이 일어나는지 파악해야 한다.

3) 놀이중심의 수학활동 예

영유아가 할 수 있는 놀이중심의 수학활동은 놀이의 케이스마다 모두 다른 모형으로 진행될 수 있을 것이다. 현실의 보육 · 교육기관에서 일어나는 다양한 놀이중심의 수학활동의 예는 '제12장 놀이중심 수학활동 실제'에 제시되어 있다. 여기서는 놀이중심 모형의 가장 전형적인 모습으로 전개된 예를 들고자 한다.

(1) 놀이 만나기: 도토리 줍기

먼저, 영유아가 가을에 보육 · 교육기관 주변을 산책하다가 나무에서 떨어진 열매들을 주워 모은다. 도토리 혹은 그 외 작은 열매들을 주우면서 열매의 모양, 크기 등을 탐색할 것이고, 던져 보고, 굴려 보면서 그 속성을 탐색하게 될 것이다. 어느 날 영유아들이 많은 도토리를 주워 모으게 되고, 교실로 돌아와서는 친구들과 함께 도토리 던지기혹은 굴리기 놀이를 만나게 된다.

(2) 놀이에 빠져들기: 도토리 멀리 굴리기

영아는 산책할 때 주워 온 도토리로 굴리기 혹은 던지기를 하면서 도토리가 굴러가는 모습을 재미있어 하고, 단순한 굴리기 혹은 던지기 활동을 반복하면서 즐긴다. 이러한 과정에서 사물의 무게와 거리를 경험하고 탐색한다. 그러나 놀이의 경험이 많은 유아는 도토리 멀리 굴리기 게임을 주도하고, 서로 멀리 굴리려고 노력하면서 놀이에 빠져든다. 대체로 한 영유아가 놀이에 빠져들면 주변의 다른 또래들도 관심을 보이면서그 놀이에 함께 빠져드는 경향이 있다. 이 놀이에서 유아는 누가 도토리를 더 멀리 굴렸는지를 밝히고자 한다. 이는 영유아 수학에서 거리 측정의 경험이 된다. 즉, 이런 놀이 과정에서 도토리가 굴러간 거리를 손 뼘, 발걸음, 블록, 노끈 등의 다양한 임의단위를 활용하여 재어 보는 시도를 하면서 수학 관련 경험을 할 수 있다.

(3) 심화/확장된 놀이로 이어지기: 반원통을 활용한 굴리기

영유아의 놀이가 더 이상 진전이 없어 흥미를 잃을 때쯤에 교사가 새로운 놀이 자료를 투입해 주면 놀이가 심화, 확장될 수 있다. '도토리 멀리 굴리기' 게임 예에서 교실 바닥에서 도토리를 굴리니까 도토리가 사방으로 흩어져서 누구의 도토리가 더 멀리 굴러갔는지 비교하기 힘들어진다. 이에 한 유아가 긴 종이블록 위에서 도토리를 굴리자고 제안한다. 그래서 모든 유아가 긴 종이블록을 하나씩 가져와 그 위에서 도토리 굴리기를 한다. 그러나 도토리가 종이블록으로부터 쉽게 떨어지게 되어 멀리 굴리기 놀이가 잘 이루어지지 않는다. 이때 교사가 반원통 기둥을 가리키며 "이 반원통 기둥 내에서 도토리를 굴려 보면 어떨까?"라고 제안한다. 유아들이 반원통 기둥을 이용하여 도토리 굴리기를 하고, 이 반원통 기둥을 여러 개 연결하여 더 확장된 도토리 굴리기 놀이로 이어진다.

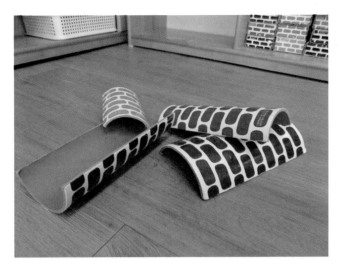

●그림 9-2● **도토리 굴리기에 활용한 반원통 기둥**

(4) 놀이 경험 공유하기

놀이가 끝난 후 유아들은 '도토리 굴리기' 놀이를 한 경험을 다른 유아들과 함께 이야기하고 공유한다. "오늘 밖에서 주워 온 도토리 굴리기를 했는데, 도토리가 멀리 굴러갔어요. 그리고 반원통 기둥에서 도토리를 굴렸을 때 정말 재미있었어요. 내일은 더 긴 반원통 기둥 길을 만들고 싶어요."라고 이야기하며 오늘 만든 반원통 기둥 길을 치우지 말아 달라고 교사에게 부탁한다. 교사는 도토리가 굴러간 거리를 재기 위하여 사용한 임의단위 중 어떤 것이 더 적절했는지 이야기할 수 있다.

2. 문제해결 중심의 수학활동

1) 문제해결 활동의 이해

제4차 표준보육과정과 2019 개정 누리과정은 놀이중심 교육을 표방하지만 수학교육과 관련하여 볼 때 일상생활 혹은 놀이 상황에서 부딪히는 문제를 해결하기 위하여 수학 지식을 이용하는 경험을 가지는 것도 중요하다. 제4차 표준보육과정의 만 0~1세 영아는 주변 세계와 자연에 관심을 가지고 알고자 하며 탐색하기를 즐기기로 끝나고, 만 2세 영아는 자신이 궁금한 것을 직접 조작해 보고 감각을 통해 확인하고자 하며, 감각적 탐색 경험을 나름대로의 방식으로 재구성하는 시도를 하도록 한다. 따라서 영아도 궁금한 점을 해결하기 위하여 구체물들을 탐색하고, 조작해 보며, 감각적으로 확인하면서 시행착오를 거쳐 점점 더 문제해결 중심 수학활동에 가깝게 접근해 나간다.

예를 들어, 만 2세 영아는 퍼즐 맞추기를 자주 하는데, 시행착오의 과정으로 퍼즐 조각을 바탕 그림에 가져다 대 보고, 맞지 않으면 다른 조각을 맞추는 시도를 반복해 나간다. 이때에 교사가 "이 조각이 맞지 않네. 그럼 이 조각을 이렇게 돌려서 놓아 볼까?" 혹은 "이 조각은 뒤집어서 놓아 볼래?" 하면서 다양한 해결 전략을 시도해 보도록 제안해 주는 것이 도움이 된다. 이러한 구체물의 조작 및 탐색 경험과 시행착오를 통한 문제해결 경험이 쌓여서 후의 유아기 문제해결 활동의 기초가 된다.

한편, 유아를 위한 2019 개정 누리과정 자연탐구 영역의 생활 속에서 탐구하기를 살펴보면, 생활 속의 문제를 수학적으로 탐구하도록 제안하고 있다. 유아들이 생활 속의 여러 가지 문제를 탐구하고, 더 나아가서 놀이 및 일상생활에서 부딪히는 문제를 수학 지식을 활용하여 해결해 보는 과정을 경험해 보는 것이 좋을 것이다. 이런 경험을 통하여 오랜 기간 동안 교육과정에서 강조되어 온 문제해결력이 유아기부터 길러지게 된다. 즉, 유아는 여러 상황과 문제를 수학적으로 이해하고, 다양한 해결 방법을 찾아 이를 적용하여 문제를 해결하는 경험을 하고, 이를 즐김으로써 문제해결의 기초를 갖추게 될 것이다. 따라서 이 절에서는 영아보다는 유아의 문제해결 중심의 수학활동에 초점을 두고자 한다.

문제해결력은 수학교육의 핵심이며, 수학 지식과 기술은 문제해결 과정의 결과로서 학습하는 것이다. NCTM(2000)도 영유아 수학교육의 주요한 목적을 영유아가 주변 세계에서 일어나는 사건과 상황에 대하여 사고하고, 수학적 상황에서 직면한 경험의 재구성을 통해 문제해결력을 키워 주는 것이라고 하였다. 영유아가 일상생활에서 혹은 놀이 상황에서 직면하는 문제를 수학적으로 해결하도록 하기 위해 문제를 인식하고 정확히 이해하며, 문제를 해결하기 위한 다양한 방법을 생각해 내고, 찾아낸 해결책을 적용해서 문제해결을 실행하고, 마지막으로 실행 결과를 토대로 결론에 이르는 일련의 문제해결 과정을 경험해 보는 것은 매우 의미 있는 일일 것이다. 영유아의 수학적 문제해결 경험은 사회적 맥락에서 일상생활 경험과의 연계, 다른 사람과의 상호작용, 언어를 통한 의사소통, 수학 지식의 공유를 강조하는 사회적 구성주의 관점에 기초하였으며,

NCTM(2000)은 이러한 관점을 반영하여 수학을 하는 방법으로서 다섯 가지 수학적 과정인 문제해결하기, 추리하기와 증명하기, 의사소통하기, 연계하기, 표상하기를 제안하였다.

2) NCTM 수학적 과정

문제해결 중심의 수학활동을 할 때 활용하는 NCTM의 다섯 가지 수학적 과정 기준을 다음에서 하나씩 구체적으로 알아보고, 각 과정 기준이 활동에서 어떻게 적용되는지 그 예를 함께 제시한다. 영유아의 수학활동에서 이러한 다섯 가지 과정 기준을 종합적으로 활용할 때에 수학의 내용들을 의미 있게 학습할 수 있다.

(1) 문제해결하기

문제해결하기 과정은 문제해결의 4단계가 모두 이루어져야 한다. 즉, 문제의 이해, 해결 계획 수립, 실행, 반성의 과정을 거친다. 영유아는 일상생활 혹은 놀이 활동에서 여러 가지 문제에 부딪히게 된다. 이러한 문제를 수학적으로 해결하기 위해서는 문제를 정확하게 파악하고, 문제해결을 위한 다양한 대안을 탐색하며, 최선의 대안을 적용하여 실제로 문제를 해결하고, 마지막으로 반성 과정에서 교사 및 또래와 문제해결 과정에 대하여 의사소통한다.

영유아는 자신의 놀이에서 혹은 일상생활에서 자연스럽게 문제에 부딪힐 수도 있지만, 교사가 영유아의 놀이 혹은 일상생활을 관찰하다가 관련된 문제를 해결해 보도록 자극할 수도 있다. 즉, 영유아가 수학과 관련된 다양한 문제 상황에 부딪혀 이를 해결해 보는 경험을 가지도록 하기 위해서 교사는 잘 정리된 상황보다는 수학적 갈등을 야기하는 상황을 제시해 주는 것이 좋다. 예를 들면, 간식을 먹을 때 흔히 쉽게 나눌 수 있는 4등분이 아니라 다섯 명의 영유아가 공평하게 나누어 먹을 수 있도록 5등분을 해야 하는 상황이라든지, 재료를 나눌 때 정확하게 딱 떨어지지 않는 수 혹은 양으로 제시한다면 이는 영유아가 해결해야 하는 큰 도전이 될 것이다. 또한 영유아가 문제를 해결할 때에 교사는 그들의 해결 과정을 관찰하며, 문제에 부딪혀 갈등을 겪더라도 즉각적으로 해답을 주지 말고, 그들이 스스로 방법을 찾아 해결하도록 충분한 시간을 주고, 실수와 오류에 대하여 허용적 분위기를 조성하는 것이 중요하다.

문제해결 도중에 그만둔 예

[간식 시간에 롤케이크를 나누어 먹으려고 모였을 때 교사는 유아들에게 롤케이크를 나누면서 '반의 개념'을 이야기하였다.]

교사: 처음 롤케이크는 1조각이잖아. 이를 똑같이 나누면 2조각이 되지. 이 2조각 중의 1조각을 '반'이라고 해. 한 조각의 롤케이크를 똑같이 4조각으로 어떻게 나눌 수 있을까?

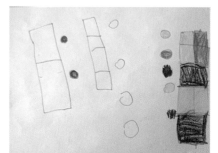

유아 1: 롤케이크 1조각을 반으로 자르면 2조각이 되어요. 2조각의 롤케이크를 또 반씩 자르면 4조각의 롤케이크를 만들 수 있어요.

교사: 그런데 5명의 유아가 롤케이크를 나누어 먹으려면 몇 조각이 있어야 하지?

유아 1: 롤케이크 한 개를 반으로 나누면 2조각이 되고, 또 2조각을 반씩으로 나누면 4조각이 되니까. 또 한 번 더 반씩 나누면 되잖아요.

유아 2: 그러면 5조각보다 더 많아지는데? (더 이상 해결책을 찾지 않고 이 단계에서 멈춘다.)

다른 전략을 사용하여 문제를 해결한 예

유아 3: 그러면 롤케이크를 똑같이 5개로 나누어요.

유아 4: 1개의 롤케이크를 10조각으로 나누어 놓고, 한 사람이 2조각씩 먹으면 돼요. (자신의 문제해결 방법을 말하였다.)

(2) 추리하기와 증명하기

추리하기와 증명하기는 문제 상황을 수학적으로 해결하는 과정에서 논리적 결론을 이끌어 내고, 문제해결 과정에서의 자신의 사고를 설명하며, 자신의 해답과 해결 방법을 정당화하는 과정이라고 할 수 있다. 즉, 수학적으로 논의하고, 증명하는 과정이다. 영유아기에는 추리하기와 증명하기 과정이 주로 패턴의 인식과 분류 준거를 기술하는 데에 활용된다. 또한 패턴의 규칙성을 인식하고 다음에 올 패턴을 예측할 때에 추리하고, 결과적으로 증명하게 된다.

추리하기와 증명하기 예

[유아들과 텃밭에서 수확한 완두콩을 살펴보면서 완두콩의 생김새와 특징에 관한 이야기를 나눈다.]

유아 1: 길쭉하게 생긴 게 있어요.

교사: 완두콩 콩깍지구나!

유아 2: 완두콩 콩깍지가 뭔가요?

교사: 우리가 먹는 완두콩이 사는 곳이지.

유아 1: 완두콩은 어디에 있어요?

교사: 콩깍지 안에 있지. 자, 봐! 이 완두콩 콩
　　　깍지 안에 3개의 완두콩이 들어 있네.

유아 1: 하나, 둘, 셋! 정말 3개가 있어요.

　　　(긴 콩깍지를 가리키며) 그럼 이 완두콩 콩깍지 안에는 완두콩이 몇 개 있을까요?

유아 2: 아마 5개쯤 있을 것 같아요. 이 콩깍지가 3개의 콩깍지보다 더 길잖아요.

교사: 그럼 이 완두콩 콩깍지 안에 몇 개의 완두콩이 들어 있는지 살펴볼까?

유아 2: 봐요. 5개의 완두콩이 들어 있어요. 내가 맞혔어요.

(3) 의사소통하기

　수학은 종이와 연필로만 하는 것이 아니다. 최근에는 다른 사람들과 협력하여 현실의 문제를 수학적으로 해결하는 것을 중요하게 다룬다. 특히 사회문화적 구성주의의 영향으로 인하여 수학 지식도 다른 사람들과의 사회적 상호작용을 통하여 구성된다고 본다. 따라서 이러한 협력과 사회적 상호작용에서 의사소통이 중요한 과정이 될 것이다. 의사소통하기는 수학적 문제해결 과정에서 수학에 대한 이해와 아이디어, 자신의 사고, 문제해결 과정 및 전략, 결론을 다른 사람과 공유하는 방법이다. 이러한 의사소통하기를 통하여 교사는 영유아의 문제해결 과정에 대하여 관찰로는 얻을 수 없는 영유아의 사고에 대한 정확한 정보를 얻을 수 있다. 영유아는 자신의 사고를 모니터함으로써 문제해결 과정에서 오류가 있는지 스스로 점검하게 되고, 또한 자신의 수학적 사고를 다른 사람과 의사소통하는 과정에서 자신의 생각을 명확하게 정리하여 수학적 사고를 조직화할 수 있게 된다. 더 나아가 다른 사람의 수학적 사고와 전략을 분석하고 평가하는 기회도 가지게 된다. 의사소통하기 과정에서 교사는 교사 주도로 상호작용을 이끌어 갈 것이 아니라 영유아의 능동적 상호작용 및 영유아 간의 상호작용으로 수학적 사고를 명료화하도록 기회를 주어야 할 것이다.

의사소통하기 예

[한 유아가 집에서 가져온 5개의 쿠키를 다른 2명의 친구와 나누어 먹고 싶은데 몇 개씩 친구들과 나누어 먹어야 할지 교사에게 물어본다.]

유아: 오늘 집에서 쿠키 5개를 가져왔는데, 이 친구들과 나누어 먹고 싶어요. 어떻게 하면 되나요?

교사: 모두 몇 명이 쿠키를 나누어 먹어야 할까?

유아: 친구 2명과 나. 합해서 3명이에요.

교사: 쿠키를 몇 개씩 나누어 줄 거니?

유아: 음……. 1개씩 줄래요.

교사: 왜 친구들에게 쿠키 1개씩만 줄 거니?

유아: 친구들에게 2개씩 주면 두 친구에게 2개씩 줘야 하니까, 4개의 쿠키를 주어야 해요. 남은 쿠키가 1개뿐이잖아요.

(4) 연계하기

연계하기는 통합적인 수학활동을 하기 위하여 중요하게 적용해야 할 수학적 과정이다. 새로운 수학 개념을 소개할 때에는 영유아가 흔히 겪는 일상생활의 경험과 연계해서 제시해 주고, 어린이집이나 유치원에 오기 전에 영유아가 이미 가지고 있던 비형식적인 지식과 연계하여 주면 수학이 의미 있는 것이라는 것을 깨닫고, 수학의 유용성을 알게 될 것이다. 또한 서로 다른 수학 개념들 간의 연계, 다른 교과의 지식과의 연계 등을 통하여 수학이 일상생활의 문제를 해결하는 데 활용되는 것을 경험하게 될 것이다. 하나의 통합된 문제를 해결하기 위하여 여러 개념을 연계함으로써 수학 수업이 아닌 일반 상황에서 수학을 인지하고 적용할 수 있게 된다. 그 결과 수학은 재미있고 필요한 것임을 이해하게 된다.

연계하기 예

[조형 영역에서 유아들이 세모, 네모, 동그라미 모양의 색종이를 가지고 동물 만들기 놀이를 한다.]

교사: 무얼 만들 거니?

유아 1: 나는 토끼 만들 거예요. 쫑긋한 귀를 만들고 싶어요.

유아 2: 난 강아지 만들래.

교사: 그런데 왜 동그라미를 만들었니?

유아 2: 우리 집 강아지 얼굴이 동그랗게 생겼어요. 그래서 동그라미 위에 동그란 눈 2개와 세모 모양의 귀 2개를 만들 거예요.

교사: 강아지 얼굴만 만들 거니?

유아 2: 큰 네모를 몸으로 만들래요. 거기다 작은 동그란 꼬리를 붙이면 강아지가 돼요.

(5) 표상하기

영유아는 문제해결 과정에서 수학 개념을 조직하고, 기록하고, 의사소통하기 위하여 표상을 만들고 사용한다. 표상하기는 수학 개념 간의 관계를 파악하고, 수학적인 생각을 의사소통하기 위하여 다양한 매개물로 자신의 내적인 사고를 나타내는 과정이다. 표상의 방법은 영유아의 발달 정도에 따라 다른데, 어린 영유아는 사물을 직접 조작하여 시연해 보이거나, 신체적 제스처를 사용하고, 조금 더 발전되면 그림으로 표상하게 되며, 더 나아가 자신이 아는 상징 혹은 자신이 발명한 독특한 상징으로 표상하기도 한다. 유아기 후반에는 관습적 상징과 언어를 사용하는 등 다양한 방법을 활용한다. 사용되는 표상의 순서는 신체나 사물로 표상, 그림 표상, 상징 표상으로 나아간다. 표상하기의 이점은 영유아 편에서는 자신의 내적 사고 과정을 겉으로 나타내 봄으로써 자신의 사고를 조직화하게 되고, 사고 과정에서 기억의 부담을 줄일 수 있으며, 교사는 영유아의 내적 사고를 파악할 수 있다는 것이다. 따라서 교사는 영유아가 다양하고 독특한 방법으로 표상하는 것을 격려하여야 한다.

표상하기 예

[몇 명의 유아가 『자꾸자꾸 초인종이 울리네』 동화를 듣고 나서 어떻게 쿠키를 나누어 먹을지

자신의 문제해결 방법을 친구들 및 교사와 공유한다.]

유아 1: 두 친구가 나누어 먹을 때는 쿠키를 6개씩 먹을 수 있어요.

유아 2: 4명의 친구가 나누어 먹어야 한다면 3개씩 먹을 수 있어요.

유아 3: 여기 그림처럼 6명의 친구가 나누어 먹어야 한다면 6명에게 이렇게 1개씩 먼저 주고, 다음에 남은 쿠키를 다시 1명에게 1개씩 더 주어요. 처음에 1개씩 받았으니까, 두 번째 1개씩 받은 거 더하면 2개씩 먹어요. 이렇게 6명이 나눌 수 있어요.

3) 문제해결의 과정

영유아가 수학적 문제해결 과정에 참여하기 위한 활동의 진행 과정은 기본적으로 문제 제기, 전략 탐색, 실행, 결과 공유로 이루어질 수 있다. 그러나 어떤 문제인지, 그리고 어떤 방향으로 문제해결을 진행해 가는지에 따라 이러한 기본 절차의 변형된 절차를 거칠 수 있다. 앞서 설명한 NCTM의 수학적 과정 기준이 어떻게 관련되는지를 함께 제시하고, 다음에서 문제해결의 과정을 가장 기본적인 모형을 보여 주면서 절차를 설명하고자 한다.

(1) 문제 제기

이 단계에서는 영유아가 놀이하다가 혹은 일상생활 속에서 부딪힌 문제를 또래 혹은 교사와 함께 해결하기 위하여 제기할 수 있다. 또는 교사가 지금까지의 영유아 놀이 및 활동 관찰로 파악한 그들의 흥미와 관심과 관련된 문제해결의 과정이 들어 있는 활동을 영유아에게 제안할 수도 있다. 따라서 이 단계는 교사 혹은 영유아가 수학활동과 관련된 다양한 문제를 제기하는 단계이다. 문제는 수학활동을 위한 특정한 시간뿐만 아니라 여러 상황에서, 또는 여러 영역에서 일어나는 상황과 연계하여 제기된다.

유아반을 예로 들어 보면, 유아가 게임을 하기 위해 두 팀으로 나누려고 할 때, 교사는 "너희가 원하는 방식으로 팀을 만들어 보자."고 제안할 수 있다. 여기서 해결할 문제

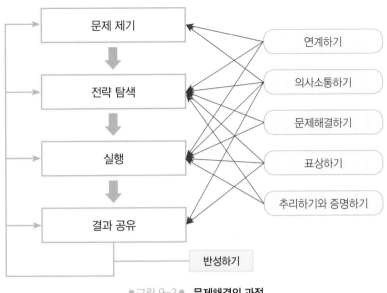

●그림 9-3● **문제해결의 과정**

는 '팀을 공정하게 나누기'이다. 어떤 경우에는 유아들이 먼저 "어떤 친구랑 같은 편이 되었으면 좋겠어요."라고 하며 제기할 수도 있다.

(2) 전략 탐색

이 단계에서는 교사나 영유아가 제기한 문제를 해결하기 위해 전략을 탐색한다. 영유아는 제기된 문제를 해결하기 위해 여러 가지 방법을 고안하여 발표하기도 하고, 제시된 여러 해결방법의 장단점을 따져 비교해 보는 등 다양한 해결 전략을 탐색한다. 이 과정에서 영유아는 자신의 의견을 다른 영유아에게 논리적으로 설명하고, 장단점을 비교하여 문제를 해결하는 데 가장 적합한 방법을 선택한다.

앞서 제시한 예에서 학급 전체 유아가 게임을 하기 위해 공정하게 두 팀을 구성하는 방법을 생각해 내려고 노력한다. 그들은 남자팀, 여자팀과 같이 성별로 팀을 나누자는 아이디어를 내기도 하고, 분단별로 팀을 구성하자는 방안을 제안하기도 한다.

(3) 실행

이 단계에서는 문제해결을 위한 전략 탐색을 통해 선택된 방법을 직접 실행해 본다. 이 과정에서 다른 영유아와 의사소통하고, 추리하고 증명하며, 문제를 해결하는 과정을 표상하기도 한다.

앞서 제시했던 예를 살펴보면, 전략 탐색 단계에서 선택한 남자팀과 여자팀으로 나누어 게임을 실행해 볼 수 있다.

(4) 결과 공유

이 단계에서 영유아는 활동을 통해 찾은 결과를 다른 영유아와 공유한다. 이 과정에서 영유아는 자신이 찾은 결과를 다른 영유아들에게 발표하고, 자신의 문제해결 과정에 대하여 소개한다. 그러나 이 단계에서 새로운 문제상황이 발견되면 그들은 두 번째 전략 탐색의 단계로 다시 이행하여 활동을 전개할 수 있다. 결과 공유의 과정에서는 의사소통하기와 표상하기가 활발하게 이루어진다.

앞서 제시된 예시에서 남자팀과 여자팀으로 나누어 게임을 실행한 결과에 대해 학급의 전체 유아와 의사소통을 한다. 이때 실행단계에서 발견한 문제인 남자아이 13명과 여자아이 11명의 수가 달라서 실행의 결과에 영향을 미쳤다는 문제가 제기될 수 있다.

(5) 문제 제기 및 전략 탐색의 단계로 순환

앞서 제기된 문제(남자 13명, 여자 11명)를 해결하기 위해 "어떻게 하면 공평하게 두 팀으로 나눌 수 있을까?"라는 문제를 다시 제기할 수 있다. 공평하게 두 팀으로 나눌 수 있는 방법을 찾기 위해 유아들은 다시 전략 탐색을 하여 남자아이 11명과 여자아이 11명씩 두 팀으로 나누고, 남은 남자아이 2명은 1명씩 남자팀과 여자팀으로 나누는 방법을 선택한다. 그리고 이렇게 나눈 남자팀과 여자팀이 다시 게임을 하고, 그 게임의 결과를 공유하는 단계를 순환하게 된다. 결과를 공유하면서 유아들은 남자팀과 여자팀으로 나누었을 때 공평하지 못하다고 문제를 제기할 수 있다. 그 이유를 묻자 남자 유아가 여자 유아보다 힘이 세 게임을 더 잘하기 때문에 남자팀, 여자팀으로 나눈다면 남자팀만 계속 이길 것이라고 말하였다. 그래서 다시 공평하게 두 팀으로 나누는 방법의 전략 탐색을 하게 된다.

제10장

영유아 수학교육 환경

영유아는 끊임없는 호기심과 흥미, 왕성한 활동력을 가지고 자기 주변의 세계를 탐색하며, 환경에 있는 사물을 다루면서 알고자 하는 욕구를 충족시켜 나간다(교육부, 1998). 2019 개정 누리과정 해설서와 제4차 어린이집 표준보육과정 해설서를 보면, 유치원 및 어린이집의 실내외 모든 공간에서 영유아가 흥미를 가지고 탐색하며, 자신들의 놀이를 주도적, 창의적으로 이끌어 나갈 수 있도록 다양한 놀이공간을 구성하고, 비구조적이고 열린 놀이자료를 풍부하게 제공하여 영유아의 놀이가 활성화되도록 하여야 한다고 강조하였다(교육부 · 보건복지부, 2019b; 보건복지부, 2020). 즉, 영유아의 흥미, 요구에 따른 다양하고 변형 가능한 융통적인 놀이 공간 구성과 그들의 감정, 생각 및 상상을 자유롭게 표현할 수 있는 풍부한 놀이자료를 포함하는 환경에서의 상호작용은 영유아의 놀이를 활성화하고 배움이 일어나도록 한다.

수학적으로 풍부하고 질 높은 환경에서 탐색하는 경험은 영유아의 놀이 발생을 촉진하며, 진정으로 즐기는 놀이로 만들어 갈 수 있고, 또한 더 심화 · 확장된 놀이로 발전해 갈 것이다. 이러한 놀이 혹은 활동에서 영유아는 스스로 수학 지식을 획득하고, 필요한 기술을 연습하며, 수학의 과정을 즐기고, 수학에 대한 긍정적인 태도를 갖게 될 것이다. 이와 같은 수학적 경험은 일상생활에서 필요한 수학 능력을 획득하게 하고, 일상의 문제를 해결하는 기회가 되며, 수학과 관련된 도구와 상징을 다루면서 수학적 소양을 키우는 계기가 된다.

영유아 보육·교육기관의 교실 및 급식실, 강당, 바깥놀이터 및 영유아가 활용하는 지역사회의 환경은 영유아의 경험에 다양한 영향을 미친다. 영유아가 오랜 시간 지내는 교실은 수학교육을 위해서도 가장 중요한 환경으로서 영유아가 수학 개념들을 탐구하는 데 필요한 다양한 자료가 풍부하게 갖추어진 곳이어야 한다(Copley, 2000). 그 외에도 요즈음 강조되고 있는 바깥놀이터에서도 많은 수학적 경험을 할 수 있다. 특히 실외 자투리 공간, 텃밭, 통로, 작은 마당, 인근의 공원 및 놀이터 등에서도 수학과 관련된 탐색과 놀이가 일어날 수 있다. 더 나아가 프로젝트 등의 의미 있는 경험을 위하여 지역사회와 협력하는 활동을 할 때에도 깊이 있는 수학적 경험이 포함될 수 있다. 영유아 수학교육 환경은 놀이하고 문제를 해결하는 경험을 가지는 공간 구성, 다양한 수학활동 자료 및 수학활동을 촉진하는 심리적 환경으로 구분된다.

1. 수학학습을 위한 공간 구성

영유아 보육·교육기관에서 수학학습을 위하여 활용하는 공간은 실내 공간과 실외 공간을 모두 포함하며, 더 나아가 기관 밖의 지역사회 공간도 영유아의 교수학습을 위한 공간으로 활용된다. 예를 들어, 실내에서 쌓기놀이를 하기 위해 원하는 모양의 적목을 몇 개 가져와야 할지를 생각하고(도형과 수 개념), 가지고 놀던 놀잇감을 정리하기 위해서는 같은 종류끼리 분류하여야 한다. 또한 간식을 먹기 전, 손을 씻기 위해 줄을 서서 기다리는 경우에도 내가 몇 번째 순서인지를 확인할 때 서수 개념을 배우거나 수세기 기술을 익힌다. 실외에서 잡기 놀이를 할 때 우리 편이 이기기 위해서는 상대방 편의 친구를 얼마나 더 많이 잡아야 하는지를 확인하기 위해 수 개념을 활용하게 되고, 스무 번 셀 때까지 그네를 타고 그다음 순서의 친구가 그네를 탈 수 있게 그네에서 내려와야 하는 그네 타기에서도 수 개념을 경험한다. 지역사회의 시장으로 견학 갔을 때 간단한 물건을 사는 경험을 통해 수와 연산이 일상생활에서 필요한 것임을 체험하게 된다. 따라서 영유아 수학학습을 위한 환경을 구성할 때 그들이 이용하는 공간을 좀 더 포괄적으로 이해하는 것이 바람직하다.

제4차 어린이집 표준보육과정과 2019 개정 누리과정에서는 영유아의 학습을 위한 공간 구성과 운영을 매우 융통적으로 할 것을 제안하고 있다(교육부·보건복지부,

2019b; 보건복지부, 2020). 놀이를 효율적으로 전개할 수 있도록 영유아의 의견을 반영하여 놀이공간을 구성하고, 공간 운영에 있어서도 한번 배치된 공간을 고정하여 운영하는 것이 아니라 영유아의 놀이의 발전과 전개에 따라 공간을 확장하거나, 변형하는 등 영유아의 놀이에 적합하도록 융통적으로 운영하는 것이 좋다. 즉, 예전보다는 좀 더 자유롭게 놀이 공간을 활용하는데, 예를 들면 반드시 교실 공간에 국한하지 않고, 필요에 따라 복도, 차양 아래, 바깥놀이터 등에서 놀이를 하고 수학과 관련된 경험을 할 수 있다. 또한 규정에 얽매이지 않고 영역을 융통적으로 구성하고 운영하는데, 즉 많은 영유아가 수학 영역에 관심을 가질 때 그 공간을 더 넓히거나, 다른 영역과 합침으로써 수학활동을 원하는 모든 영유아가 활동할 수 있도록 한다. 혹은 수학 영역을 다른 영역 옆에 재배치함으로써 그 영역의 놀이와 연결되도록 하는 등 좀 더 자유롭고 융통성 있게 운영함으로써 영유아의 의미 있는 놀이를 지원할 수 있을 것이다. 특히 통합적 활동을 많이 하는 경우, 예전처럼 모든 흥미 영역을 배치하지 않아도 된다. 교사가 교실의 물리적 구조, 유아의 연령, 흥미 등에 따라 자율성을 가지고, 교실 공간을 구성하면 된다 (교육부·보건복지부, 2019b; 보건복지부, 2020).

영유아의 요구와 필요에 따라 교실이나 바깥놀이터 이외에 복도, 현관 입구, 계단 및 계단 아래 공간, 테라스 등도 안전에 문제가 없다면 얼마든지 영유아의 놀이에 활용될 수 있다. 어른들에게는 쓸모없어 보이는 이러한 자투리 공간도 놀이공간으로 활용하면 영유아의 교육적 경험을 확대할 수 있을 것이다. 영유아는 잘 사용되지 않던 공간을 우연히 발견하고 자신의 놀이를 이어 가거나, 자신들만의 새로운 놀이를 만들어서 하기도 하는데, 영유아는 이런 공간을 자신들만의 공간이라고 여기고 주도권을 행사한다. 또한 영유아는 이런 공간에서의 놀이를 더 재미있어 한다.

교실에서는 흔히 흥미 영역을 구성하여 각 교과 학습을 위하여 사용하여 왔다. 물론 수학학습을 위한 수학 영역을 구성할 필요가 있다. 수학 영역에 영유아의 흥미를 자극하는 자원과 재료들을 비치함으로써 영유아가 자발적으로 놀이에 빠져들고, 다른 놀이로 이어 가는 등 재미있는 놀이를 촉발하도록 하여야 한다. 그러나 수학 영역을 수세기, 숫자 쓰기, 도형 이름 맞히기 등의 단편적인 활동을 위한 영역으로 구성할 것이 아니라 영유아에게 통합적인 수학활동을 촉발하고 발전시키는 역할을 하는 공간으로 구성하는 것이 바람직하다. 즉, 영유아의 흥미와 발달 수준에 맞는 다양한 자료와 교구를 비치하면 영유아는 이들을 탐색하고, 놀이로 이어 가며, 혹은 자신들이 이미 하고 있던 놀이에 필요한 자료들을 투입함으로써 놀이에 수학적 요소들이 더 의미 있게 포함될 수 있을 것이다. 이들은 이러한 구체적인 자료를 활용하는 경험을 통해 수학에 대한 이해를 발달시켜 나가며, 일상생활에서 수학에 대한 관심을 가지고, 수학과 관련된 놀이를 만들고, 활동을 이어 나가게 될 것이다.

수학 영역의 구성에 있어서 주의할 점은 다음과 같다.

첫째, 수학 영역은 수세기나 수 이름만이 아니라 수학의 다양한 내용을 접할 수 있도록 여러 가지 모양의 도형, 비형식적 및 형식적 측정 도구, 다양한 패턴, 솔방울, 조약돌, 조개껍질 등 분류할 수 있는 자연물과 같은 교구들을 준비하여 영유아가 수학의 모든 영역을 경험할 수 있도록 한다.

둘째, 수학 영역은 단순한 수세기나 도형의 모양 공부하기 등 단편적인 활동을 위한 장소가 아니라 여러 가지 교과와 통합된 놀이를 하는 공간이라는 점을 이해해야 한다. 따라서 수학 영역은 다른 영역들과 필요에 따라 쉽게 연계되고 합쳐질 수 있도록 개방형으로 구성되어야 할 것이다.

셋째, 수학 영역은 충분한 공간이 확보되어야 한다. 수학 영역에 영유아 혼자서 간단한 활동을 할 수도 있지만 대체로 다른 영유아들과 놀이를 하거나 문제를 해결하는 등 통합적인 활동을 하는 공간이기 때문에 넓은 공간이 필요하다. 또한 영유아가 자료를 바닥에 펼쳐 놓고 여러 또래와 함께 활동할 수 있는 부분 카펫이 깔린 공간도 필요하다. 더 나아가 과학 영역이나 조작 영역과 같은 다른 영역과 연계하여 활동할 수 있도록 인접하여 배치하고, 필요에 따라 다른 영역과 합쳐지거나, 확대 · 축소될 수 있어야 한다.

넷째, 수학과 관련된 통합적 놀이 및 활동을 하려면 다양한 자료가 많이 구비되어야 할 것이다. 따라서 이러한 자료, 교구의 정리 및 보관이 용이해야 한다. 영유아가 활동 자료를 쉽게 찾아 활용할 수 있도록 정리를 위한 선반과 교구장이 필요하다. 또한 영유아의 흥미를 유지시키고 지속적으로 자극을 줄 수 있도록 풍부한 활동 자료가 교대로 다채롭게 제시되어야 한다.

2. 수학활동 자료

1) 수학활동 자료의 의미

영유아는 다양한 놀이 자료를 탐색하고 살펴봄으로써 교육적 경험과 연결될 수 있는 놀이를 시작하고 발전시켜 나간다. 관심이 가는 자료를 만져 보고 조작하면서 놀이 아이디어가 떠오르고, 놀이하고 싶은 동기가 생길 것이다. 이들은 또한 자료를 직접 보고 만지는 등 자료를 조작하면서 문제를 발견하거나 문제가 포함된 활동을 시작하기도 한다.

예를 들어, 유아가 숲으로 가는 길에 발견한 도토리는 유아의 놀이를 촉발하는 자료가 된다. 유아는 주운 도토리로 멀리 던지기 시합을 하게 된다. 그런데 던져져서 땅에 닿은 도토리가 경사진 곳일 경우 굴러가 버리기 때문에 누구의 도토리가 더 멀리 던져졌는지 잘 알 수 없게 된다. 그러자 '어떻게 하면 바닥에 떨어진 도토리가 굴러가지 않고 더 멀리 던져졌는지를 알 수 있을까?' 생각하다가 땅에 작은 구덩이를 여러 개 파고 그 구덩이들에 도토리를 던지는 놀이를 한다. 이와 같이 자료를 직접 보고 만지며, 또 놀이를 해 가면서 문제를 발견하거나 문제가 포함된 활동을 시작하기도 한다. 혹은 가을 산책에서 땅에 떨어진 도토리를 주워 주머니에 모으면서 숲 아지트에 오른 유아들은 교사가 매어 준 '해먹'을 탈 때 다른 친구들이 해먹을 밀어 준 값으로 도토리를 지불하면서 수 개념을 적용하는 경험을 한다. 이런 예들을 볼 때, 자료로부터 놀이가 발생하고, 해결할 문제 상황과 마주치게 되며, 해결의 단서를 찾게 된다. 어떤 놀이 자료를 만나고 탐색하느냐는 영유아의 교육적 활동의 촉발과 관련되며 놀이와 배움에 있어서 매우 중요한 부분이다.

영아의 경우에 일상생활 속에서 혹은 놀이에서 마주치게 되는 구체물이 놀이를 촉발하는데, 대부분의 경우 좀 더 단순한 놀이가 반복적으로 이루어지는 경향이 있다. 예를 들어, 가을에 근처 공원으로 산책 나갔을 때, 공원에서 주운 나뭇잎의 크기를 비교하거나, 특정 색깔의 나뭇잎 주워 오기 등의 활동을 하면서 색깔의 같고 다름을 구별하기 등 비교하기/순서짓기 및 분류하기의 기초를 학습하게 된다.

2) 수학활동 자료의 종류

수학활동 자료는 놀이 속에서 수학과 관련되어 사용되는 일상생활의 사물, 자연물, 상품화된 교구, 교사가 제작한 매체 등 다양하다. 흔히 수학 영역에 비치되는 수학활동 자료로는 블록류, 측정도구, 카드자료, 게임자료, 일상생활에서 쉽게 구할 수 있는 구체물 등이 있다. 이러한 수학활동 자료는 수학 개념을 표상하는 동시에 여러 가지 활동에 융통적으로 사용될 수 있는 것이 바람직하다. 또한 자연에서 발견하는 많은 자료가 놀이 속에서 수학과 관련된 활동에 활용될 수 있다. 따라서 영유아의 수학학습을 위한 자료는 영유아 생활 주변의 사물, 자연물, 전문적인 상품화된 교구, 교사가 고안한 놀잇감/자료 등으로 구분할 수 있다.

(1) 생활 주변의 사물

일상에서 흔히 볼 수 있는 숫자와 관련된 사물은 영유아에게 훌륭한 수학활동 자료로 활용될 수 있다. 예를 들어, 전화기나 리모컨의 숫자판, 달력이나 엘리베이터의 숫자 등은 영유아가 일상생활에서 자주 접하여 친숙한 것으로서 수 개념 획득을 위하여 사용될 수 있다. 또한 빨래집게, 종이 클립, 병뚜껑, 단추, 적목, 구슬, 사탕 등 주변에 있는 셀 수 있는 물건들도 영유아의 수학학습을 위해 활용될 수 있다. 그 외 여러 모양의 쿠키 틀, 옷의 패턴, 비닐 끈, 실, 검은색과 하얀색의 바둑돌, 백 원짜리 동전과 십 원짜리 동전도 도형, 패턴, 측정, 분류 등 여러 가지 영유아의 수학 관련 활동에 사용될 수 있는 일상의 사물들이다. 이러한 생활 주변의 사물들은 영유아가 놀이할 때 혹은 문제를 해결할 때 융통적으로 활용될 수 있다.

(2) 자연물

산책길에서 발견한 아카시아 잎, 솔방울, 도토리, 작은 돌멩이, 바닷가에서 주운 조개껍질 등의 자연물은 훌륭한 수학활동 자료가 된다. 바닷가에서 주운 조개껍질을 이용하여 팔찌를 만들 때, 모양과 크기에 따라 여러 가지 패턴을 만들어 볼 수 있고, 내 손목에 맞는 팔찌를 만들기 위해 몇 개의 조개껍질이 필요한지를 생각해야 한다. 또한 목걸이를 만든다면 팔찌보다 몇 개 더 필요한지를 알아볼 수 있다. 특히 영유아가 발견하는 자연물은 그들의 관심을 이끌어 내고 호기심을 채우는 매우 훌륭한 놀이 촉발 자료라고 할 수 있다.

(3) 상품화된 교구

시중에는 다양한 소재와 재료로 만들어진 영유아를 위한 교구가 많기 때문에 이를 구입하여 사용하면 된다. 이들은 매력적으로 만들어져 영유아의 흥미를 끌 수 있으며, 여러 번 사용해도 쉽게 파손되지 않고, 안전성이 고려되었다는 장점이 있다. 그러나 상품화된 교구를 구입하는 데 비용이 많이 들고, 우연히 일어나는 발현적 활동 및 놀이에 적합하지 않을 수 있다. 흔히 수학 영역에서 사용되는 상품화된 교구는 블록, 수막대, 큐브, 동물 모형, 과일 모형, 인형 모형 등이 있다.

(4) 교사가 고안한 놀잇감/자료

교사가 영유아의 놀이를 관찰하다가 이들의 놀이를 심화·확장하도록 지원해 주기 위하여 놀잇감을 고안하여 만들어서 제공할 수 있다. 영유아의 놀이 상황과 발달 수준에 맞게 적절하게 고안하여야 한다. 이렇게 교사가 목적을 가지고 고안한 자료를 제공할 경우 교사가 영유아에게 발현되기를 기대하는 수학 내용이나 지식이 효율적으로 습득될 수 있으며, 상업용 교구를 구입하는 것보다 경제적이다. 그러나 놀잇감이나 자료를 고안하여 만드는 데 시간이 소요되며, 여러 명의 영유아가 가지고 놀기에 견고성이 부족할 수 있다. 예를 들면, 팀별 게임을 위하여 숫자가 들어간 게임판 혹은 그림이 들어간 게임판 등이 있다.

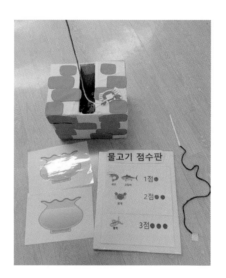

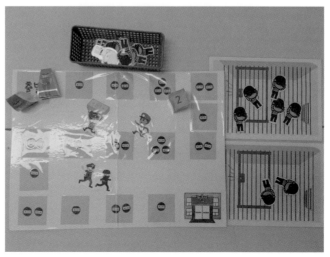

수학활동 자료의 비치 및 활용 시 고려해야 할 점은 다음과 같다.

첫째, 영유아가 선택한 자료, 사용하기로 결정한 자료의 사용을 존중한다. 따라서 여러 가지 대안이 될 수 있는 다양한 자료를 비치하고, 영유아가 각 놀이 혹은 문제해결에 적절한 자료를 선택할 수 있도록 해야 한다.

둘째, 수학적 개념을 포함할 뿐만 아니라 영유아의 흥미를 유발하고 지속시킬 수 있어야 한다. 일상생활에서 친숙한 자료들이 영유아의 흥미를 유도할 수 있으므로 가능하면 이러한 자료들을 비치해 준다.

셋째, 자료는 한 가지 답만을 요구하기보다는 여러 가지로 변형하여 사용할 수 있도록 개방적이어야 한다. 다양한 놀이에 활용될 수 있는 자료이면서 영유아가 자신의 놀이를 이어 나가고, 문제를 해결하는 과정에서 사고할 수 있고, 다른 영역과 연계할 수 있는 개방적 자료를 제시하는 것이 중요하다.

3) 수학활동 자료 예

(1) 수와 연산을 위한 자료

① 영아를 위한 자료

② 유아를 위한 자료

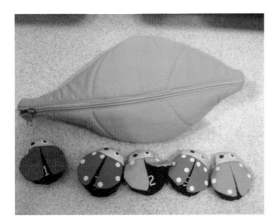

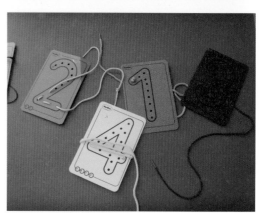

(2) 공간과 도형을 위한 자료

① 영아를 위한 자료

② 유아를 위한 자료

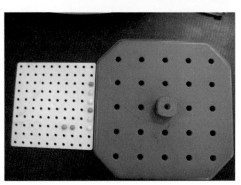

(3) 측정을 위한 자료

① 영아를 위한 자료

② 유아를 위한 자료

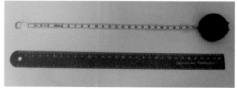

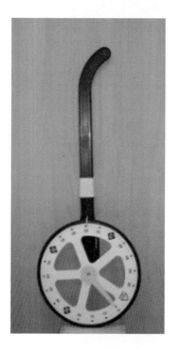

(4) 규칙성을 위한 자료

① 영아를 위한 자료

② 유아를 위한 자료

(5) 자료분석을 위한 자료

① 영아를 위한 자료

② 유아를 위한 자료

3. 수학교육을 위한 심리적 환경

영유아에게 수학교육을 위한 적절한 물리적 환경을 제공하는 것뿐만 아니라 영유아가 자신이 흥미 있는 놀이를 즐기고, 놀이 속에서 수학과 관련된 교육적 경험을 하도록 심리적 지원을 하여야 한다. 또한 영유아의 수학적 사고를 유발하고 문제를 해결하도록 유도하는 심리적 환경도 고려되어야 한다. 이러한 심리적 지원은 교사와 영유아 그리고 영유아와 영유아의 상호작용을 촉진하여 영유아의 수학학습을 향상시킬 것이다.

수학교육을 위한 심리적 환경에서 고려되어야 할 점은 다음과 같다.

첫째, 영유아가 놀이 혹은 활동의 선택권이 있음을 이해하고, 이를 반영하는 심리적 환경을 구성한다. 즉, 영유아가 스스로 하고 싶은 놀이나 활동을 찾고 시작할 수 있도록 그들에게 선택권을 주어야 한다.

둘째, 영유아에게 놀이할 시간을 충분히 주고, 놀이 시간을 융통적으로 운영하여야 한다. 즉, 영유아가 특정 놀이를 좋아하고 즐긴다면 이 놀이를 오랜 시간 동안 지속할 수 있도록 해 주고, 혹은 문제해결 상황에서 영유아가 스스로 생각하여 문제를 해결하도록 충분한 시간을 주고 이를 지지해야 한다.

셋째, 놀이는 영유아가 수학 지식과 기술을 적용해 보는 실험적인 활동임을 이해하고, 그들이 수학 지식을 서투르게 사용하거나 실수할 때에 너그럽게 받아들여 영유아가 틀릴까 봐 걱정하지 않고 다양한 방법을 시도할 수 있도록 허용적인 분위기를 조성하며, 새로운 방법을 찾도록 격려해야 한다.

넷째, 놀이 속에서 수학과 관련된 문제를 해결할 때에 영유아가 가지고 있는 비형식적 지식과 기술을 사용하는 것을 허용해야 한다. 즉, 가정에서 사용하던 비형식적 지식과 기술을 이용하여 문제를 해결하고, 비관습적인 수학 용어를 사용하는 것을 인정해 주어야 한다. 영유아는 수학과 관련된 놀이 경험을 통하여 이러한 비형식적 지식과 비관습적 용어로부터 점점 더 형식적 지식과 관습적 용어 사용으로 전환할 것이다.

다섯째, 놀이 혹은 문제해결 상황에서 수학과 관련된 어휘를 사용하고, 또래 혹은 교사와 의사소통하고 그들의 사고, 문제해결 과정을 표상하도록 격려하여야 한다. 영유아는 수학 관련 활동을 하면서 교사나 다른 영유아에게 자신의 사고과정을 표현함으로써 자신의 이해를 명확하게 하고, 조직화할 수 있다.

제11장

영유아 수학교육 평가

1. 영유아 수학교육 평가의 방향과 목적

평가는 교수학습 과정의 한 부분으로서 영유아 보육 · 교육에서 중요한 역할을 한다. 전형적인 평가의 목적은 학습자의 수행 정도나 특정 수업목표 달성 정도를 파악하는 것이다. 이러한 평가 결과는 수학교육 프로그램의 효율성, 교육방법의 적절성, 수업계획의 방향성 등에 대한 정보를 제공해 준다. 평가는 또한 교육자가 자신의 교수활동과 교육과정에 대하여 반성적 사고를 할 수 있게 해 준다. 이에 덧붙여 평가의 결과를 부모와의 상담자료로 활용할 수 있다.

한편, 2019 개정 누리과정 및 제4차 표준보육과정에서는 평가를 영유아가 중심이 되고 놀이가 살아나는 보육 · 교육과정 운영을 되돌아보고 개선해 나가는 과정으로 보았다. 즉, 평가는 누리과정 운영의 질을 진단하고 개선하기 위한 목적으로 실시한다. 따라서 평가는 영유아의 특성 및 변화 정도를 파악하는 영유아 평가와 누리과정 및 표준보육과정이 적절히 운영되는지를 파악하는 운영 평가로 나뉜다. 먼저, 영유아 평가를 위하여 교사는 영유아의 놀이, 일상생활, 활동에서 영유아의 흥미와 관심, 즐겨 하는 놀이 혹은 활동, 놀이 특성, 친구 관계, 자료 활용 등의 측면에서 관찰하여 영유아의 특성과 변화를 이해하고자 한다. 이러한 이해에 근거하여 영유아의 놀이와 그 속에서의 배움을 지원할 수 있을 것이다. 다음으로 표준보육과정 및 누리과정 운영 평가는 유치원과 어린이집의 교육과정이 영유아 및 놀이중심으로 운영되는지를 평가하는 것으로서 놀이 시간이 충분한지, 영유아 주도적인 놀이가 일어나며 그 속에서 배움이 있는지, 교사의 놀이 지원이 적절한지 등에 관한 것이다.

영유아 보육·교육에서 평가의 의미를 살펴보면, 영유아를 평가하는 것은 그들을 점수 매기기 위한 것이 아니라 적절하게 지원하기 위함이다. 교사는 평가를 통해 영유아를 파악하여 이를 근거로 전반적인 환경 및 놀이자료를 준비하고, 놀이 혹은 활동을 그들에게 적합하게 지원할 수 있다. 즉, 교사는 평가를 통해 얻은 개별 영유아에 대한 정보에 근거하여 영유아의 관심사와 관련된 교구 및 환경을 구성해 줄 수 있고, 그들의 수준에 적절한 상호작용을 하고, 그들의 놀이에서 필요한 지원을 효율적으로 제공해 줄 수 있을 것이다. 예를 들어, 영유아의 놀이를 면밀하게 관찰하고, 소집단 영유아와 이야기를 나누거나, 부모와의 상담을 통하여 공룡에 관심을 보이는 영유아에게는 공룡을, 인형에 관심을 보이는 영유아에게는 인형을 제공하여 이들을 활용한 놀이 혹은 활동을 통해 수학 지식과 기술을 즐겁게 습득하도록 지원할 수 있다. 영유아와 놀이중심 교육에 있어서도 영유아가 아무런 가이드 없이 무한정 놀이하기보다는 교사가 영유아의 수학 지식과 기술 및 수학에 대한 흥미와 요구에 대하여 정확하게 파악한다면 놀이 속에서 수학적 사고와 개념이 발달되도록 도울 수 있을 것이다.

영유아 보육·교육 전문가들은 지식 습득에 초점을 두는 객관적 검사를 활용하는 영유아 평가의 문제점을 지적하였다. 이는 표준화 검사를 주로 활용하며, 학습자의 지식 습득 정도를 확인하는 데 초점을 두었다. 그러나 영유아 보육·교육과 관련된 평가는 특히 교수의 종료 시점에서 지식 습득 정도를 측정하는 단순한 테스트가 아니라 교수의 통합된 부분으로서 교사가 교수에 관한 결정을 할 때 정보를 제공하고 안내할 수 있어야 한다. 즉, 영유아 평가는 단순히 학습자에게 실시하는 것이 아니라 학습을 안내하고 고양시키려는 목적에서 학습자를 위하여 실시해야 한다(NCTM, 2000). 특히 영유아와 놀이중심 교육을 추구하는 보육 및 교육에서 평가는 영유아의 놀이 및 활동을 영유아가 자율적으로 전개해 나가고 심화해 나가도록 지원하는 데 활용될 수 있어야 할 것이다. 따라서 영유아 수학교육을 위한 평가는 영유아의 놀이 혹은 활동의 면밀한 관찰에 근거하여 수학과 관련된 영유아의 지식 정도, 흥미, 요구, 관심, 태도 등을 파악하여 영유아의 놀이 및 활동을 지원하는 방법, 환경구성 및 자료 등을 결정하는 데 기초 자료가 되는 것이어야 한다.

1) 영유아 수학교육의 평가원리 및 목적

NCTM(2000)은 수학교육의 두 가지 평가원리를 제시하였다. 즉, 평가는 학습자의 학습을 고양시키고, 교수에 관한 결정을 하는 데 가치 있는 도구여야 한다. 교사는 교수에 관한 올바른 결정을 하여 학습을 촉진하고 질 높은 교육을 실현할 수 있도록 활동 과정에 학습자의 활동을 관찰하거나, 그들에게 질문을 하거나, 개별 학습자와 인터뷰를 하거나, 산출물로 표상되는 과제를 하도록 하는 등의 비형식적인 수단으로 학습자의 진보에 관한 정보를 계속 수집해야 한다. 이러한 수학교육의 평가원리에 근거하여 영유아 보육·교육에서의 구체적인 수학교육 평가의 목적을 제시하면 다음과 같다.

첫째, 영유아 보육·교육기관에서 영유아의 발전에 대하여 모니터하고 증거 자료를 얻음으로써 영유아가 수학학습에서 어느 위치에 있는지를 결정하는 것을 도와준다. 또한 영유아의 흥미와 관심사, 요구 등을 파악할 수 있다. 이와 같이 영유아의 수학 지식, 흥미, 관심 등을 파악하여 영유아의 능력 수준에 맞는 놀이 및 활동을 발견하고 이끌어 나가도록 하며, 무미건조하기 쉬운 수학을 영유아가 좋아하는 매체를 이용하거나 좋아하는 놀이를 통하여 할 수 있도록 도울 수 있을 것이다.

둘째, 영유아의 놀이 혹은 활동에서 교사가 어떻게 지원할 것인지에 관한 방향을 결정하는 것을 도와준다. 교사는 영유아에 대하여 평가할 때 기본적인 세 가지 자료인 관찰 결과, 질문에 대한 답, 영유아의 산출물(글, 프로젝트, 검사 결과)에서 정보를 얻는다. 이러한 정보로부터 어떤 환경을 구성하고, 어떠한 자료를 제공하며, 어느 시점에서 어느 정도 개입할 것인지 등에 대한 결정을 한다.

셋째, 평가 결과는 영유아의 성취, 흥미, 태도 등을 평가하고 보고하는 데 활용된다. 이는 일정 기간 영유아의 발전에 대한 전반적인 그림을 보여 주는 것을 포함한다. 이를 위해서는 포트폴리오가 적합한 방법이다. 이러한 평가는 영유아의 수학학습에 있어서의 중요한 발전과 태도에 관하여 학부모 혹은 교육청과의 공적인 의사소통에서 사용된다.

넷째, 영유아 수학교육 평가는 프로그램을 평가하는 목적이 있다. 유치원과 어린이집의 교육과정이 영유아가 중심이 되어 놀이를 주도적으로 이끌어 가며, 영유아가 진정으로 즐기는 놀이를 통하여 수학교육이 이루어지는지에 대하여 평가하는 것이다. 이러한 프로그램의 적절한 운영 평가를 위하여, 예를 들어 놀이 시간을 충분히 배정하였는지, 영유아 주도적 놀이와 배움이 일어나고 있는지, 놀이 지원이 적절한지 등을 평가할 수 있을 것이다. 이와 같이 평가 결과는 표준보육과정 및 누리과정 운영 개선을 위하여 활용될 수 있다.

다섯째, 평가는 교사 자신의 전문성을 개선하도록 자신의 수행에 대한 정보를 제공한다. 교사는 영유아의 놀이, 활동, 일상생활을 면밀히 관찰하여 개별 영유아의 인지적 측면인 수학적 지식이나 과정, 정의적 측면인 수학에 대한 흥미와 태도 등에 대하여 정확히 이해하고 있는지, 이에 근거하여 적절한 환경을 구성하고, 자료를 제공하여 영유아들의 놀이를 촉진하였는지, 적절한 시간에 적절한 정도로 개입함으로써 영유아의 놀이를 심화·확장하여 그들의 발전을 지원하였는지에 관한 자신의 수행을 포함한다.

2) 영유아 수학교육 평가내용, 방법, 결과 활용

제4차 어린이집 표준보육과정과 2019 개정 누리과정은 영유아와 놀이중심 교육과정을 운영하는 데 방해가 되지 않도록 하기 위하여 전반적으로 평가를 간략화하고, 각 기관의 상황에 따라 자율적으로 실시하도록 하고 있다. 앞에서 살펴본 NAEYC(Bredekamp & Copple, 1997)의 일반적인 영유아교육 평가의 기준 및 NCTM(2000)의 수학교육 평가 기준을 고려하고, 개정된 제4차 표준보육과정 및 개정 누리과정을 반영하여 수학교육에서 영유아 평가의 내용, 방법, 평가 결과의 활용에 대하여 살펴본다.

먼저, 영유아 평가는 영유아의 발달과 발전을 파악하기 위한 것으로서 수학교육에 있어서는 흔히 영유아가 수행할 수 있기를 기대하는 수학 내용을 성취하였는지를 평가해 왔는데, 이러한 지식체는 항상 변화한다. 최근 영유아 수학교육에서 강조하는 영유아가 성취해야 할 것은 문제해결하기, 의사소통하기, 표상하기, 추론하기 및 연계하기 등의 수학적 과정을 포함해야 한다(NCTM, 2000). 따라서 이러한 문제해결 과정의 실행에 대한 평가도 중요하다. 영유아 평가는 수학교육의 내용 습득 정도 및 문제해결의 실행뿐만 아니라 영유아의 흥미, 관심, 태도 등 정의적인 측면을 평가한다. 교사는 영유아의 놀이나 일상생활의 관찰을 통하여 영유아가 즐기는 활동, 좋아하는 놀이, 흥미와 관심, 즐겨 활용하는 자료, 수학에 대한 열정 등을 파악하여야 한다. 이러한 영유아의 정의적인 측면이 반영되어 운영될 때 질 높은 보육과정 및 누리과정이 될 것이다.

다음으로 영유아 평가의 방법에 관한 것으로서 평가는 다양한 근원에 근거하여야 하고, 개방된 과정(open process)이어야 한다. 영유아는 자신의 생각을 잘 표현하지 못하는 경우가 많은데, 이러한 영유아로부터도 공정하게 정보를 얻기 위하여 한두 가지의 표준화 검사로서만 평가할 것이 아니라 영유아의 놀이 및 활동 관찰, 문제해결의 실행, 문제해결 과정을 보여 주는 산출물, 포트폴리오, 학부모와의 면담 등 다양한 근원으로부터 정보를 얻어야 한다. 영유아 평가는 교사 한 사람만의 평가가 아니라 보조교사, 급식 보조원, 학부모 등 영유아와 관련된 모든 사람과 협력하여 시행하여야 한다. 평가는 개방적이어야 하는데, 이는 영유아, 교사, 부모 및 다른 관계자들에게 어떤 것을 평가하며, 어떤 방법으로 평가할 것인지, 그리고 평가의 결과에 대하여 알려야 함을 의미한다.

마지막으로, 평가 결과의 활용에 관한 것으로서 이러한 정보는 교사가 영유아를 교육적으로 지원하기 위하여 사용하여야 한다. 교사는 영유아의 놀이 및 문제해결 과정의 관찰에 근거하여 놀이를 촉진하고, 심화·확장하도록 지원해야 한다. 평가는 교사가 효과적으로 영유아 놀이를 지원하기 위하여 사용되어야 한다. 제4차 표준보육과정과 2019 개정 누리과정에서 평가는 유치원과 어린이집에서 영유아의 요구와 의견이 반영되고 진정한 놀이중심의 교육 활동이 되도록 돕기 위한 방향으로 이루어져야 한다고 그 방향을 제시하고 있다. 영유아의 능력을 특정하여 영유아에게 점수 매기기를 하거나 영유아에게 꼬리표를 다는 도구로 사용해서는 안 된다. 또한 부모와 의사소통하는 근거 자료로 활용할 수 있음을 적시하고 있다.

NAEYC의 전반적인 영유아교육 프로그램에서 발달적으로 적합한 실제에 대한 가이드라인으로서 제시한 평가의 기준(Bredekamp & Copple, 1997)을 분석하여 현장의 교사들이 평가 시 유의해야 할 사항들을 다음에 제시하였다.

- 영유아의 발전과 성취를 위하여 평가하여야 한다. 즉, 평가는 교육과정을 영유아의 수준과 흥미에 맞게 조절하고, 영유아의 발달적 요구와 학습 요구에 맞는 교수를 하며, 영유아의 가족과 의사소통하고, 프로그램 개선을 위하여 프로그램의 효율성을 평가하는 데 사용되어야 한다.
- 평가의 방법은 영유아의 나이와 경험에 적합해야 한다. 그러므로 영유아 평가는 영유아 발달에 관련된 관찰, 영유아의 놀이 및 활동에 대하여 기술한 자료, 영유아

의 대표적인 작품 수집, 그리고 인위적이 아닌 사실적인 활동에서의 수행에 근거
한다.

- 입학이나 배치와 같이 영유아에게 중요한 영향을 미칠 수 있는 결정은 단 하나의
  발달 평가 혹은 선별검사로 이루어져서는 안 된다. 이는 교사나 부모의 관찰과 같
  은 다양한 근원의 적절한 정보에 근거해야 한다. 또한 특별한 학습 요구나 발달적
  요구를 가진 영유아를 밝혀내어 이들에게 적절하게 교육과정을 조정하기 위해서
  는 발달 평가와 관찰이 필요하다.
- 평가는 학습자의 개별적인 다양성을 인지하고, 학습 속도와 양식의 차이를 인정해
  야 한다. 평가는 이러한 요인들을 고려하여 영유아의 가정환경 차이나 문화 차이
  에 따른 특정 학습목표를 성취할 충분한 시간과 기회가 있었는지를 살펴야 한다.
- 평가는 합법적으로 영유아가 독립적으로 수행할 수 있는 것뿐만 아니라 다른 영유
  아나 성인의 도움을 받아서 할 수 있는 것까지 인정해야 한다. 교사는 집단 프로젝
  트나 협력적 작업을 함으로써 영유아를 개별적으로뿐만 아니라 집단과 관련지어
  서도 살펴보아야 한다.

여기에서 NAEYC는 영유아를 평가할 때 다양한 방법을 사용하여 언어적 기술이 부
족한 영유아에게 불리하지 않도록 유의할 것을 지적하고 있으며, 영유아를 위한 교수
학습에 사용할 것을 강조하였다. 또한 이 기준은 NAEYC가 1989년에 발표한 발달적으
로 적합한 유아교육의 실제 평가 기준과 비교했을 때, 비고츠키의 근접발달영역 이론
을 적용하여 다른 영유아나 성인의 도움을 받아 할 수 있는 수준을 인정하는 역동적 평
가를 할 것을 권장하고 있는 점이 다르다.

2. 영유아 수학교육 평가방법

1) 관찰법

교사는 교실, 급식실 혹은 바깥놀이터에서 영유아의 일상적인 활동 혹은 놀이 상황
을 자연스럽게 관찰하여 이를 근거로 영유아의 특성 및 성장과 발전에 대하여 이해하

고 그 증거자료로 삼는다. 교사는 이러한 평가를 통하여 개별 영유아의 흥미와 관심 및 발달 정도에 적합한 활동과 자료에 대한 이해를 할 수 있다. 특히 공동 놀이나 협력 활동에서 어느 영유아가 더 많은 도움이 필요하고 어느 영유아가 좀 더 도전해야 하는지를 판단하고 결정한다.

영유아를 대상으로 하는 평가에서 관찰법은 많은 장점이 있다. 영유아는 성인들에 비해 자신이 관찰되고 있다는 사실을 별로 의식하지 않기 때문에 관찰 시에도 평상시의 행동을 그대로 나타내는 경향이 있다. 이러한 자연스러운 상황에서 행동을 관찰함으로써 사실대로 평가할 수 있을 뿐만 아니라 영유아가 언어능력의 부족으로 인위적인 테스트 상황에서 충분히 발휘할 수 없는 능력을 제대로 평가할 수 있다. 또한 관찰을 통하여 영유아가 갖고 있는 수학 지식과 기술뿐만 아니라 문제해결 상황에서 수학 지식과 기술을 적용하는 모습을 볼 수 있고, 그들의 수학에 대한 흥미, 관심, 태도 등도 알 수 있다.

관찰법에서의 유의점은 교사가 영유아를 관찰할 때 영유아의 모든 면을 관찰하려고 하지 말고 수학교육의 목표 기준을 중심으로 몇 가지 측면에만 초점을 맞추어야 한다는 것이다. 예를 들어, 영유아의 추론하는 과정과 추측하는 능력 혹은 수집한 자료를 기록하는 능력 등에만 초점을 맞추는 것이 좋다. 혹은 영유아의 사회적인 행동이나 태도 측면에 초점을 맞출 수도 있다. 또는 수학교육의 정의적인 측면인 지구력, 흥미, 협동 작업, 세심한 질문, 자료나 아이디어를 공유하는 행동, 결과를 재고(reflect)하는 행동 등을 관찰할 수 있다.

관찰을 기록하는 방법으로는 주로 짧은 관찰 기록이나 일화기록을 주로 활용하고, 체크리스트 등을 사용할 수도 있다. 관찰 결과에 대한 기록에는 관찰의 목적, 관찰 일시 및 장소, 영유아 활동 내용, 사용되는 수학적 언어, 수학활동에 대한 태도, 의사소통의 유형 등이 포함될 수 있다. 체크리스트는 관찰법뿐만 아니라 다른 평가방법에도 사용될 수 있는 기술이다.

(1) 짧은 관찰 기록

일상생활 및 놀이 활동 중에 나타나는 영유아의 자조 기술, 또래와의 사회적 기술, 언어 이해와 표현 및 인지발달 등에 관한 순간적 포착을 기록하지 않으면 잊어버리게 되고 평가의 자료로 사용되지 못한다. 따라서 교사는 항상 작은 수첩이나 접착식 종이

와 펜을 가지고 다니면서 순간 포착한 것들을 기록하는 것이 바람직하다. 수학에 관련된 영유아의 지식은 놀이활동이나 일상생활에서 나타날 수도 있고, 외부 활동에서도 나타날 수 있으며, 생활의 모든 면에서 표출될 수 있기 때문에 짧은 관찰 기록을 해 두는 것이 개별 영유아의 수학적 성취 및 발달에 관한 유용한 정보를 얻는 데 도움이 될 것이다.

짧은 관찰은 교육과정의 각 생활 영역별 및 수학교육의 각 하위 영역별로 골고루 시행되기 어렵기 때문에 〈표 11-1〉, 〈표 11-2〉와 같은 일람표를 만들어 두고 체크하면 각 영유아의 어떤 측면이 더 관찰되었는지 혹은 앞으로 더 많은 정보를 얻을 필요가 있는지 쉽게 알 수 있다. 그러나 놀이중심의 개정된 누리과정과 표준보육과정에서는 교사가 관찰 기록이나 평가자료를 만드는 데 과도한 노력을 기울이기보다는 영유아의 놀이에 더 집중하고 지원하는 것이 중요하다고 하였다. 또한 5개 혹은 6개 영역 세부내용의 성취 여부 체크에 얽매이기보다는 일상의 놀이 상황에서 자연스럽게 나타나는 영유아의 특성, 배움, 변화를 파악하는 방향으로 평가하도록 하여야 한다.

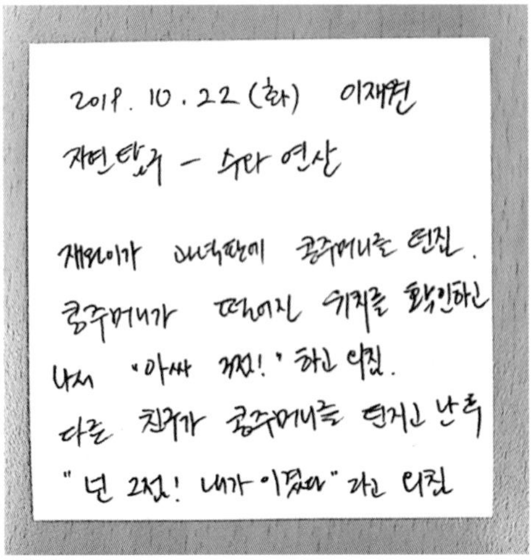

●그림 11-1● 일상생활에서 짧은 관찰의 예

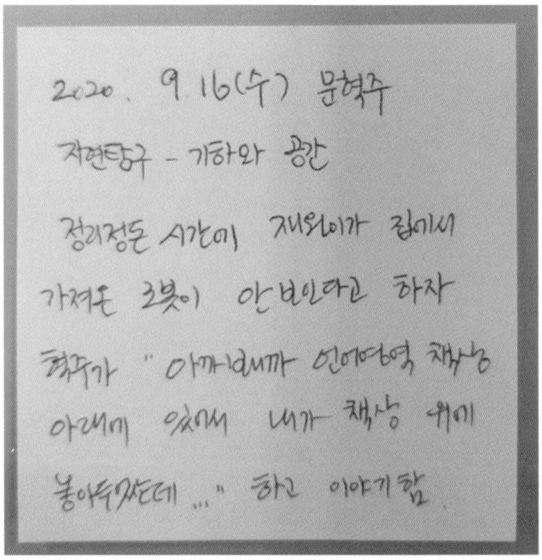

●그림 11-2● 놀이에서 짧은 관찰의 예

표 11-1 유아반 일람표 예

영역 아동명	수와 연산	공간과 도형	측정	규칙성	자료분석
박진주	19. 4. 3.	19. 8. 9.			19. 9. 23.
이서현			19. 10. 25.	19. 10. 25.	
문혁주		19. 8. 9.			19. 9. 23.
이호정			19. 10. 25.		
이승태		19. 6. 7.		19. 8. 9.	
김태현	19. 6. 7.				19. 9. 23.

표 11-2 영아반 일람표 예

영역 아동명	수	공간과 모양	비교/순서짓기	규칙성	분류하기
정예린	19. 5. 2.	19. 8. 13.			19. 10. 23.
최은영			19. 11. 25.	19. 7. 25.	
김예솔		19. 8. 20.			19. 9. 13.
이다운			19. 10. 11.		
송지율		19. 4. 7.		19. 11. 20.	
김승인	19. 6. 11.				19. 8. 23.

(2) 일화기록

영유아가 어떤 수학활동을 어떻게 수행했는지를 자유롭게 기록하는 방법이다. 일화기록은 영유아의 작업 습관이나 수학 지식 혹은 태도에 대한 전반적인 그림을 보여 준다. 그러나 일화기록을 할 때 교사가 모든 것을 다 기록하면 필요한 핵심을 파악하기 힘들 수가 있다. 수학활동 중 의미 있는 특정 행동이나 상황에 초점을 맞추어 그러한 행동이 언제, 어디서, 어떻게 일어났으며, 영유아가 그 상황에서 어떤 말을 하고, 어떤 행동을 했는지를 사실적으로 기록한다. 이러한 기록을 할 때 주의할 점은 교사의 주관이 들어가지 않고 사실적이고 객관적이어야 한다는 것이다. 예를 들어, '어려운 어휘를 사용하고' 등 주관적인 단어가 포함된 기록은 사실을 왜곡시킬 수가 있고, 주관적 해석의 가능성이 증가하기 때문이다. 그리고 교사는 이러한 영유아의 특정 행동이 수학교육에 있어서 어떤 의미를 가지는지에 대한 평을 별도의 난에 기록할 수 있다. 일화기록의 예는 〈표 11-3〉과 같다.

표 11-3	일화기록의 예

일화기록

아동: 신지후 생년월일: 2016. 5. 20. (만 4세)　관찰일: 2020. 9. 8.
아동: 이찬헌 생년월일: 2016. 11. 13. (만 4세)　관찰자: 이다희 교사

장면: 조작 놀잇감으로 구성물 만들기(쌓기 영역)

기록

지후가 조작 놀잇감인 지오콘 상자에서 검은색, 노란색, 초록색의 정사각형 모양의 지오콘을 꺼내서 바닥에 놓고 평면으로 연결한다. 그 후 검은색과 초록색의 지오콘의 이음새를 맞추어 속이 빈 입체 지붕 모양을 만들었다.

그리고 다른 색의 정사각형 모양의 지오콘을 3개 가져다가 동일한 방법으로 입체 삼각형을 만들었다. 그러자 옆에서 놀던 찬헌이가 지후가 만든 입체 삼각형을 보고는 자기도 지오콘 상자에 와서 검은색, 노란색, 초록색의 삼각형 모양의 지오콘을 집어 들었다. 3개의 지오콘을 연결하고는 지후를 바라보았다. 지후가 "왜 그래?" 하고 묻자, 지후가 만든 입체 삼각형을 가리키면서 "이거 어떻게 만들었어?" 하며, 자신이 연결해 놓은 지오콘 모양을 보여 주었다. 지후는 일어서서 찬헌이가 연결한 지오콘 모양 가까이 가서 "이거 아냐. 나는 네모 지오콘으로 만들었는데 네 것은 세모잖아." 하고 말하고는 정사각형 지오콘을 가져와 찬헌이 앞에서 이들을 연결하여 입체 삼각형을 만들어 주었다. 찬헌이도 정사각형 지오콘 3개를 가져와 연결하여 입체 삼각형을 만들고는 "나도 만들었다!" 하며 지후에게 보여 주었다.

지후는 자신이 만든 2개의 입체 삼각형의 밑면인 정사각형 부분을 연결하고는 "네모 모양으로 변신했다."라고 하면서 찬헌이에게 보여 주었다. 찬헌이도 지후를 따라 입체 삼각형들을 만들고는 서로 연결하였다.

분석

지후는 도형의 이름을 알고 도형들을 서로 연결하여 다른 모양을 만들 수 있음을 이해하고 있다. 이는 다양한 도형의 조합과 분해를 이해하는 것이며, 여러 가지 모양을 조합하여 새로운 입체 모양을 만들 수 있음을 의미한다. 그러나 찬헌이는 아직 도형의 조합을 통해 다른 모양이 만들어짐을 이해하지 못한다. 그래서 도형을 조합하여 다른 모양을 만들어 보는 경험이 더 필요한 것으로 보인다.

(3) 놀이 관찰 기록

개정 누리과정과 제4차 표준보육과정에서는 영유아를 평가하는 방법으로 각 기관과 교사가 평가의 목적에 따라 적절한 방법을 자율적으로 정하여 사용하라고 안내하고 있다. 가장 전형적이고 바람직한 방법은 영유아 놀이 관찰 기록인데, 교사는 영유아의 특성과 변화 정도를 파악하기 위하여 실제 놀이 모습을 기록하고, 관련 사진이나 놀이 결과물, 작품을 함께 수집할 수 있다. 영유아의 놀이 관찰을 기록하면 다음으로 놀이에서 어떠한 배움이 일어났는지를 분석하고, 그에 근거하여 교사가 앞으로 어떠한 지원

을 계획하는지가 중요할 것이다. 이런 관점에서 영유아의 놀이 관찰은 다음의 예와 같이 기록할 수 있을 것이다. 〈표 11–4〉에서는 놀이 모습, 놀이 결과물이나 작품 사진이 포함되지 않았지만, 영유아의 연령, 놀이의 성격에 따라 이들을 더 잘 이해하기 위하여 사진을 첨부할 수 있다.

표 11–4 놀이 관찰 기록의 예

놀이 관찰 기록	
유아이름: 정민아(만 5세)	관찰날짜: 2020. 9. 16.
관찰자: 이다희 교사	관찰장소: 미술 영역
놀이주제: 플레이도우로 모양 만들기	

놀이 기록	민아는 미술 영역 자료장에 있는 플레이도우를 가지고 미술 영역에 있는 책상으로 가서 앉았다. 플라스틱 밀대로 플레이도우 덩어리를 밀기 시작한다. 그 후 민아는 플레이도우 반죽을 작은 조각으로 찢어 왼쪽 손바닥에 플레이도우 반죽 한 조각을 놓고 오른쪽 손바닥으로 굴려 공을 만든다. 민아는 7개의 공을 만들고 "이것 좀 봐, 내가 일곱 개의 젤리밥을 만들었어."라고 말한다. 접시에 7개의 플레이도우 젤리밥을 놓고 옆에 앉은 친구들에게 보여준다. 민아는 친구들에게 "여기 젤리밥이 일곱 개 있는데, 어떤 걸로 드릴까요?"라고 묻는다. "작은 젤리밥이요? 큰 젤리밥이요?" 친구 중 한 명이 말하길, "나는 막대사탕을 원해, 그것은 막대사탕이 아니야." 그러자 민아는 "음, 막대사탕을 만들 수 있어." 민아는 자료장에 가서 나무젓가락을 가져다 자신이 만든 플레이도우 공에 꽂아 막대사탕으로 만들었다.
배움 확인	• 신체의 움직임을 조절하고 도구를 이용하여 만들기를 한다. • 상대방이 하는 이야기를 듣고 관련하여 이야기한다. • <u>일곱 개의 수량을 센다.</u> • <u>크고 작음과 같은 양을 비교하는 말을 사용한다.</u>
교사 지원 계획	• 다양한 사탕이나 젤리를 만들어 '사탕가게 놀이'로 확장하도록 지원할 것임 • 환경/자료: 여러 가지 색깔의 플레이도우, 크기가 다른 막대, 여러 가지 포장지

(4) 체크리스트

체크리스트는 평가할 항목을 미리 정하여 나열해 놓고 해당하는 항목에 체크를 하는 방법으로서 체크된 항목의 행동이 현재 나타나는지 혹은 나타나지 않는지를 알려 준다. 따라서 체크리스트에 포함될 항목은 관찰하기에 분명하고 구체적인 행동의 기술이 적합하다. 만약 너무 포괄적이거나 추상적인 항목을 나열하면 관찰자에 따라 이 항목에 대한 해석이 달라질 수 있기 때문이다. 또한 하나의 항목에 하나의 행동만을 포함하는 것이 바람직하다. 만약 '동그라미를 다른 도형 속에서 가려내고 그 이름을 말한다.' 와 같은 항목을 체크하도록 한다면 어떤 영유아는 도형을 가려낼 수는 있지만 이름을 몰라서 말을 할 수 없을 수도 있기 때문에 관찰자에 따라 체크를 해야 할지에 대한 판단 이 다를 수 있다. 측정 내용에 대한 체크리스트를 예로 제시하면 〈표 11-5〉와 같다.

표 11-5　체크리스트 예

측정 체크리스트			
이름: ＿＿＿＿＿＿＿＿　　생년월일: ＿＿＿＿＿＿＿＿			
관찰자: ＿＿＿＿＿＿＿＿　　관찰일: ＿＿＿＿＿＿＿＿			
수학내용 리스트	예	아니요	비고
각 사물마다 측정 가능한 속성(길이, 무게 등)을 안다.	＿＿＿	＿＿＿	＿＿＿
두 개의 사물을 비교하여 순서짓는다.	＿＿＿	＿＿＿	＿＿＿
여러 개의 사물을 순서대로 배열한다.	＿＿＿	＿＿＿	＿＿＿
측정 가능한 속성에 적합한 측정단위(임의단위)를 선택한다.	＿＿＿	＿＿＿	＿＿＿
임의단위를 사용하여 측정해 본다.	＿＿＿	＿＿＿	＿＿＿
시작점과 도착점을 고려하여 측정한다.	＿＿＿	＿＿＿	＿＿＿
측정단위가 겹쳐지거나 떨어지지 않게 측정한다.	＿＿＿	＿＿＿	＿＿＿

영아는 여러 가지 일상의 경험과 놀이 속에서 수학과 관련된 기초개념을 이해하는 것이 중요하므로 구체적인 항목을 가진 체크리스트 방식의 평가는 필요하지 않다고 본다.

2) 면접법

관찰법과 면접법은 읽기나 쓰기를 할 수 없는 어린 영유아에게 적절한 평가방법이 다. 관찰법은 영유아가 행동하는 것을 보고 기다려야 하는 방법이고, 면접법은 교사가 적극적으로 영유아에게 질문을 하거나 대화를 함으로써 교사와 영유아 간의 직접적인 상호작용을 유도하는 방법으로서 관찰법으로 얻기 어려운 정보를 얻을 수 있다. 교사 는 개별 영유아 혹은 소집단의 영유아와 대화함으로써 영유아의 사고과정을 면밀히 조 사할 수 있다. 면접은 전통적인 검사나 종이에 쓴 작품 혹은 다른 여러 형태의 산출물로 하는 평가를 보충하는 기능을 한다. 즉, 전통적인 평가나 쓰기 작품, 산출물은 영유아의 답은 알 수 있지만 영유아의 이해나 사고과정에 대해서는 충분히 알 수 없다. 한편, 영아의 경우는 의사소통이 원활하지 않기 때문에 자신의 이해나 사고 과정에 대하여 설명하는 것이 쉽지 않다. 따라서 영아의 수준에 맞추어서 질문함으로써 최대한 그들의 반응을 이끌어 내어 그들의 기초적인 수학적 사고를 이해하도록 노력하여야 할 것이다.

면접 결과는 체크리스트를 사용하거나 노트에 기록할 수 있고, 혹은 오디오나 비디오테이프를 이용하여 기록할 수 있다. 교사는 전체 영유아를 면접하기 위하여 여러 날에 걸쳐 모든 영유아와 대화를 할 수도 있고, 몇 명만을 선택하여 면접할 수도 있다. 면접할 때는 영유아를 한 명씩 따로 불러서 이야기할 수도 있고, 교사가 영유아의 테이블에 가서 잠깐씩 이야기할 수도 있다. 면접할 때 교사는 영유아로 하여금 '큰 소리로 생각'(think aloud, 생각하는 바를 소리 내어 말하면서 생각하도록 요구함)하도록 요구하는 것이 도움이 된다. 또한 인터뷰를 시작할 때 교사는 영유아에게 편안함을 주어야 한다. 본질문을 시작하기 전에 영유아의 수준에서 편안하게 느낄 수 있도록 영유아가 알고 있는 일반적인 것을 물어봄으로써 라포르를 형성하는 것이 좋다.

면접법은 시간이 많이 걸리고, 질문을 선택할 때 신중해야 하는 방법이다. 그러나 관찰법으로는 얻을 수 없는 가치 있는 정보를 제공한다. 이는 영유아의 사고과정을 탐색

표 11-6 면접 기록의 예

도형 개념에 관한 면접	
아동: 정이서	생년월일: 2017. 7. 13. (만 3세)
면접자: 김다희	관찰일: 2020. 10. 13.

면접 내용

면접자: 여기에 놓인 도형의 이름을 말해 주겠니?

정이서: 이것은 세모고요. 저것은 네모, 또 저건 동그라미요.

면접자: 그럼 세모와 네모는 어떻게 다른지 이야기해 볼래?

정이서: 세모는 뾰족한 게 3군데 있어요. 하지만 네모는 뾰족한 게 4군데예요.

면접자: 그렇구나. 또 다른 점은 무엇이 있을까?

정이서: 또 다른 점은 세모는 긴 게 3개인데 네모는 긴 게 4개예요.

면접자: '긴 게'라는 게 무엇이니?

정이서: 있잖아요. 이거요. (삼각형의 변을 가리키며)

분석

이서는 기본 평면도형의 비형식적인 이름을 안다. 또한 평면도형들의 특징을 알고 구별할 수 있으나 이들 도형의 특징을 형식적인 용어를 사용하여 표현하지 못한다.

할 수 있게 해 주고 영유아가 무엇을 하고 있는지에 대한 상세한 정보를 수집할 수 있게 해 준다. 또한 개별 영유아의 흥미와 관심은 어떤 것인지, 수학에 대한 열정을 가지고 있는지를 알 수 있고, 영유아 간에 서로의 정보와 관점을 교환할 수 있다. 모든 영유아를 면접해야 하는 것은 아니다. 더 많은 평가적인 정보가 필요하거나 주의를 기울일 필요가 있는 영유아가 면접의 대상이 된다.

3) 포트폴리오 평가법

(1) 포트폴리오 평가의 이해

포트폴리오는 학습자의 학습 및 성장과 발달의 증거가 되는 작품, 수행결과, 기록물 등을 의미한다. 포트폴리오 평가는 이러한 학습자의 포트폴리오를 모아 이에 근거하여 학습자의 발전을 판단하는 평가방법이다. 유아교육에 있어서도 포트폴리오 평가가 인위적인 상황에서의 자연스럽지 못한 평가가 아닌 유아의 실제 수행을 보여 주는 참평가라는 점에서 널리 사용되고 있다. 전통적으로 수학교육에 주로 사용되었던 표준화된 검사는 유아교육의 본질과 맞지 않다. 전통적인 평가는 사실의 학습과 기억을 주 내용으로 하던 기존의 수학교육에 적절한 평가였다고 할 수 있다. 따라서 최근 수학적 이해, 문제해결, 직접적인 경험과 활동에 더 강조를 두고 있는 수학교육 평가에는 포트폴리오 평가와 같은 대안적인 평가방법이 필요하다. 또한 2019 개정 누리과정에서 강조하는 유아 · 놀이중심 교육에 대한 평가로 표준화 검사는 더더욱 적절하지 않다.

수학교육에서 포트폴리오 평가는 수학적 이해의 인지적인 측면뿐만 아니라 수학에 대한 태도, 인내 혹은 융통성 등의 정서적인 면이 진전하는 것을 포괄적으로 보여 줄 수 있는 평가다. 즉, 포트폴리오는 단일 검사가 해 줄 수 있는 것 이상으로 수학학습에 관하여 다양하고 포괄적인 정보를 제공해 준다. 포트폴리오 평가는 발달 상황만을 보여 주는 것이 아니라 도움이 필요한 영역을 밝혀 주는 조직적이고 다차원적인 평가방법이다. 따라서 이는 교사의 교육과정 운영을 개선할 수 있게 도와주고, 교육의 수월성을 성취할 수 있도록 해 준다.

수학교육을 위하여 포트폴리오에 특별히 포함되어야 할 내용은 수학에 대한 이해, 수학적 아이디어의 의사소통, 추론의 과정, 문제해결 과정, 표상활동, 다른 영역 혹은 상위/하위 개념과의 연계 등을 보여 줄 수 있는 기록물과 과제물, 혹은 이를 보여 주는 종이, 그래프, 프로젝트를 담은 사진이나 비디오테이프, 체크리스트, 일화기록, 부모와의 면담기록, 유아와의 면담기록 등이다. 혹은 자신이 배운 개념이나 수학적 경험을 정기적으로 기술한 수학 자서전도 포함될 수 있다.

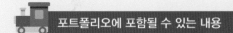

포트폴리오에 포함될 수 있는 내용

- 관련 도서(읽은 책과 참고한 책)의 목록
- 유아의 학습활동을 기록한 오디오나 비디오테이프
- 유아와의 면담기록
- 보고서
- 유아의 작품을 찍은 사진이나 비디오테이프
- 과제와 관련된 기록장
- 도표나 차트
- 작품 표본 혹은 작품에 대한 유아의 느낌이나 평가기록

(2) 포트폴리오 제작

평가를 위하여 포트폴리오를 만들 때 유아가 실제 유아교육기관에서 어떤 활동을 하는지를 모두 보여 주는 사진들을 모으는 사례가 있다. 예를 들어, 다양한 사물을 사용한 패턴 활동, 물과 모래를 이용한 과학 활동, 극놀이 활동 등에 대한 사진을 최대한 많이 모은다. 그러나 이러한 포트폴리오에는 사진들만 있지, 이런 사진들에 대한 교사의

코멘트가 없어서 유아의 성장, 발전에 대한 정보가 없다. 이는 사진첩 혹은 스크랩북이지 유아의 개인적인 성장이나 발달의 증거가 될 수 없다.

다음으로 유아교육기관에서는 흔히 유아의 가장 우수한 작품만 수집하여 포트폴리오를 만들기도 한다. 예를 들어, 쓰기 과제에서 교사가 편집, 수정하여 유아가 다시 베껴 쓰도록 한 작품, 교사가 오리고 유아가 색칠하였지만 교사가 마무리를 해 준, 교사가 거의 다 만들어 준 예술 작품을 모으기도 한다. 이는 유아의 수행에 대한 정확한 정보가 아니며, 교사가 교육활동을 계획하고 진행하는 데 도움이 되는 정보가 아니다(Batzle, 1992). 또한 유아의 최우수 작품만 보는 부모는 자신의 자녀에 대하여 비현실적으로 높은 기대를 하게 될 것이다.

유아가 어떻게 성장하고 발달하는가에 대한 더 정확한 자료를 얻기 위하여 유아의 최우수 작품을 모으는 것이 아니라, 유아의 일반적이고 일상적인 수행을 보여 주는 전형적인 작품을 모아야 한다. 이러한 포트폴리오를 통하여 교사는 진실로 유아의 현재 수준을 파악할 수 있고, 유아의 기술과 지식의 성장 및 발달을 도울 수 있는 교수 개입 및 지원을 결정할 수 있다. 예를 들어, 유아의 초기 문제해결 과정을 보여 주는 작품, 또래들과 토론하고 피드백을 받아 재해결하는 과정을 보여 주는 작품, 교사와 유아가 공동으로 수정한 마지막 작품을 선택한다면, 이 세 개의 표본은 유아의 초기 문제해결 수준과 수정 과정에서의 지식과 기술의 적용을 보여 줌으로써 유아의 문제해결 능력에 대하여 더 다양한 정보를 제공한다. 어떤 유치원 교사는 유아의 수학문제 해결 작품을 정기적으로 (예를 들어, 3월, 5월, 7월) 수집하여 유아의 문제해결 과정의 전형적인 모습을 보여 주기도 한다. 이러한 포트폴리오가 진정한 평가 포트폴리오가 될 수 있다.

〈표 11-7〉과 〈표 11-8〉은 유아의 놀이에서 수학 문제해결 능력의 변화를 보기 위해 관찰, 일화기록, 활동수행 동영상 및 사진 작품 등의 여러 가지 방법으로 여러 차례 정보를 수집하여 포트폴리오를 구성한 예의 일부다. 〈표 11-7〉은 유아의 수세기 수행을 관찰한 일화기록을 중심으로 분석한 포트폴리오 평가이고, 〈표 11-8〉은 동일한 유아가 그 이후에 동일한 활동을 수행하는 더 발전된 모습의 사진을 중심으로 분석한 포트폴리오 평가다. 이러한 과정을 통해 유아의 수학 수행 능력의 발달을 살펴볼 수 있다.

표 11-7	포트폴리오를 위한 수학활동(1차) 예시

영역: 자연탐구–생활 속에서 탐구하기(1차)
평가내용: 수와 연산
평가방법: 일화기록

관찰유아	이상혁(가명)	연령	만 4세(남)	관찰일	2020. 4. 20.
관찰장면	자유놀이시간 조작 영역에서				
일화기록	상혁이가 지훈이에게 알까기 놀이를 하자고 하며 바둑판과 바둑알을 가지고 책상 앞에 앉았다. "우리 바둑알 10개씩 나누어 알까기 해서 누가 많이 남는지 해 보자."라면서 흰색 바둑알을 센다. "하나, 둘, 셋, 넷 다섯, 여섯, 일곱, 여덟, 아홉, 열" 하며 빠르게 소리를 내면서 숫자를 헤아리며 바둑알 통에서 흰색 바둑알을 집어 책상 위에 놓는다. 그런데 책상 위에 9개의 바둑알을 놓고는 "이거는 내 거야."라고 한 뒤, 다시 "하나, 둘, 셋" 하며 수 이름을 말하면서 검은색 바둑알을 책상 위에 놓는다. 열까지 수 이름을 말한 뒤, 10개의 검은색 바둑알을 책상 위에 놓고는 "이거는 네 거야, 우리 게임하자." 하며 검은 바둑알을 지훈이에게 밀어 준다. 교사가 "둘 다 똑같이 10개씩 나누었니?"라고 묻자 지훈이는 자기의 바둑알을 세어 보며 "10개 맞아요."라고 말하며 바둑판 끝에 바둑알을 놓는다. 상혁이가 다시 빠르게 수 이름을 말하며 바둑알을 세는데 "나도 10개 맞아요." 한다. 교사가 "상혁아, 하나라고 말하고 바둑알을 손으로 집으면서 세어 보자." 하며 상혁이의 바둑알 세는 것을 도와준다. 그러자 상혁이는 바둑알을 하나씩 손으로 짚으면서 세어 간다. 그러고는 "내 건 아홉 개예요." 하며 바둑알을 하나 더 집어 간다. 그러고는 둘이서 알까기 놀이를 한다.				
분석	상혁이는 언어적 수세기는 능숙하게 한다. 하지만 사물을 셀 때 수 이름과 사물을 일대일 대응시키는 데 있어 실수를 하였다. 천천히 수 이름과 사물을 대응시키면서 수를 세는 경험을 하도록 해야 할 것이다.				
코멘트	상혁이는 수세기를 할 때 말로 세기는 능숙하게 하지만 사물을 세는 데 시행착오를 거친다. 사물을 손으로 가리키며 수를 세는 전략이 필요하다.				

표 11-8	포트폴리오를 위한 수학활동(2차) 예시

영역: 자연탐구–생활 속에서 탐구하기(2차)
평가내용: 수와 연산
평가방법: 유아 작품분석

관찰유아	이상혁(가명)	연령	만 4세(남)	관찰일	2020. 11. 27.
관찰장면	자유놀이 시간에				
유아 작품					
분석	강아지 발자국 12개와 펭귄 발자국 20개를 헤아리는 과제에서 상혁이는 맨 처음 셀 때 펭귄 발자국 1개를 빠뜨리고 세었다. 하지만 "숫자를 잘 센 것 같아?"라는 질문에 다시 한번 종이를 훑어보고는 빠뜨린 펭귄 발자국 1개를 찾아 19개에 1을 더해 20개라고 하였다. 상혁이는 헤아린 발자국과 세지 않은 발자국을 구분하기 위해 헤아린 발자국에는 네임펜으로 표시를 하였으며, 강아지 발자국과 펭귄 발자국에 다른 색깔의 펜을 사용하여 구분하였다.				
코멘트	상혁이는 20까지의 수세기를 잘하였으며 헤아린 수에는 표시를 하는 전략을 사용하며 효율적으로 수세기를 하는 방법을 알고 활용할 수 있다. 또한 간단한 더하기를 할 수 있다.				

(3) 포트폴리오 평가 과정에서 고려할 점

포트폴리오 평가 과정에서 주요한 것은 유아가 자신의 활동에 대하여 재고하기(reflection)와 협의하기(conference), 교사의 코멘트라고 할 수 있다. 유아가 자신이 수집한 작업 표본에 대하여 다시 생각해 볼 수 있는 기회를 가지는 것은 자신의 수학적 발전을 인식하고, 학습에 대한 동기를 높이며, 창의적이고 주도적인 학습자가 될 수 있는 길이다. 또한 교사는 유아 개인과 혹은 집단으로 협의를 하고, 유아가 자신이 한 작업에 대하여 재고해 보도록 격려해야 한다. 협의 과정에서 유아는 자신에게 어떤 발전이 있었는지를 알 수 있고, 자신의 학업활동에 대하여 재고해 봄으로써 다음의 학습에 대한 아이디어를 가질 수 있으며, 자기 자신을 평가할 수 있고 무엇보다도 더 발전된 해답을 낼 수 있다는 장점이 있다.

유아의 수행결과물들을 수집한 그 자체는 유아들이 무엇을 했는지를 알려 줄 수 있지만 평가를 위한 충분한 정보는 제공하지 못한다. 따라서 교사가 유아의 작품에 대하여 코멘트를 붙여서 무엇을 어떻게 했는지에 대한 정보를 제공함으로써 포트폴리오가 평가로 사용될 수 있다. 유아의 발전에 대한 코멘트, 관찰한 강점과 약점, 태도 등을 첨부하여야 한다.

제12장

놀이중심 수학활동 실제

영아 활동

- ✿ 봄 꽃비가 내려요
- ✿ 풍선놀이
- ✿ 밧줄놀이
- ✿ 기차놀이

유아 활동

- ✿ 미로 탈출
- ✿ 신체검사와 코로나19
- ✿ 철봉놀이
- ✿ 민들레 꽃대 비눗방울 놀이
- ✿ 키 큰 공룡 만들기
- ✿ 물길 만들기 놀이
- ✿ 한 숟가락씩

영아 활동

봄 꽃비가 내려요

놀이 맥락   만 2세반 영아의 감각탐색 활동으로 봄 꽃비 내리기 놀이를 하였다. 노랑, 빨강, 흰색의 습자지를 꽃모양으로 오려서 주고, 영아들이 마음대로 흩날리며 꽃비 내리기 놀이를 하였다. 그 후 영아들은 교실에 흩어진 습자지 꽃들을 각자의 방식으로 정리하였다.

[놀이 만나기]

노랑, 빨강, 흰색의 습자지로 만든 꽃이 영아반 교실에 가득하였다. 영아들은 습자지 꽃들을 흩날리고, 던지고, 끌어안고, 뒹굴며 놀았다.

[놀이에 빠져들기]

영아들은 습자지 꽃을 허공에서 날리며 '꽃비 내리기' 놀이를 신나게 하였다. 이 놀이에서 영아들은 두 손 가득 꽃들을 '많이' 끌어모으려고 노력하였고, 모은 습자지 꽃을 더 '높이' 던지려고 하였으며, 더 '멀리' 던지려고 하였다. "선생님, 나 꽃이 이렇게 많아요."라고 하면서 한 웅큼의 꽃을 머리 위로 던진다. 선생님은 "○○는 정말 꽃을 많이 모았네~", "○○가 던진 꽃들은 정말 높이 올라갔네."라고 격려하며 수학적 언어를 사용하여 영아와 상호작용을 하였다. 영아가 "꽃이 비처럼 내려요.", "비가 와요, 꽃비가 와요."라고 하며 습자지 꽃을 허공에 날렸다. 이때 교사가 우산을 영아에게 주자 "비가 오니까 우산을 써야 해." 하며 우산을 받치면서 다른

영아가 허공에서 꽃을 비처럼 뿌려 주었다.

[다른 놀이로 이어지기]

꽃비 내리기 놀이가 끝나고 정리하기에 들어
갔다. 모든 영아가 바구니를 들고 다니면서 꽃
들을 담았다. 교사는 바구니에 꽃들을 많이 담
은 영아에게는 "많이 담았구나." 적게 담은 영
아에게는 "바구니에 꽃이 아직 적구나." 등으로
이야기해 주었다.

어떤 영아는 바닥에 있는 여러 색깔의 꽃들
중에서 자신의 바구니에 빨간색 꽃만 담았고,
어떤 영아는 흰색 꽃만 자신의 바구니에 골라
담았다. 습자지 꽃을 색깔별로 분류하여 모으
는 놀이를 하였다.

교사 지원: '높다', '낮다', '많다', '적다' 용어 사용, 우산

[놀이 경험 공유하기]

놀이가 끝난 후 영아들은 "꽃비가 왔어요.", "예쁜 꽃이 많았어요."라며 이야기하였
다. 습자지 꽃을 찢는 것도 재미있었다는 영아의 이야기를 듣고 다음에는 색 습자지를
그냥 영아들에게 주고 찢어서 스스로 꽃을 만드는 놀이를 하기로 하였다.

배움 확인　　높다, 많다, 적다, 다양한 색에 따른 분류하기

사용한 자료　　여러 가지 색깔의 습자지, 정리 바구니, 우산

풍선놀이

놀이 맥락　　만 2세반 영아의 감각탐색 활동을 위하여 다양한 모양의 풍선을 준비하여 교실 천장으로부터 줄에 매달아 놓았다. 영아들은 매달린 풍선의 모양을 탐색하고 손으로 풍선을 치면서 놀았다. 영아가 손으로 치기 힘든 높이에 매달린 풍선을 치기 위해 교사가 제공한 도구를 활용하여 놀이하였다.

[놀이 만나기]

교실에 풍선들이 매달려 있자 영아들은 풍선에 관심을 보이고 매달린 풍선 근처로 와서 교사에게 만져도 되는지 물었다. 교사가 "만져 보겠니?"라고 하자 영아들이 줄에 매달린 풍선을 만져 보고 손으로 쳐 보았다. 손으로 풍선을 치니 풍선이 옆으로 움직이자 "풍선이 움직여요."라고 하면서 풍선을

손으로 계속 치면서 즐거워하였다. 그러다 옆에 달려 있는 다른 모양의 풍선으로 옮겨가 "이야~ 하트 모양이다."라고 하며 풍선을 두 손으로 만졌다. 옆에 있는 긴 모양의 풍선을 보고 "오이 같다."라고 하며 끌어안았다.

[놀이에 빠져들기]

줄에 매달린 풍선을 만지고 쳐 보는 등의 탐색을 하던 영아들이 풍선을 손으로 치는 놀이에 집중하였다. 그러다 한 영아가 손으로 친 풍선이 높이 오르자 "풍선이 높이 갔어!"라고 옆의 영아에게 이야기하고 풍선을 높이 날아오르게 하려고 계속 손으로 쳤다. "풍선이 높이, 높이 가."라고 하자 옆의 영아도 풍선을 손으로 쳐 높이 올리려 하였다. 영아들이 손으로 풍선을 쳐서 높이 올리는 놀이에 빠져들었다.

[확장된 놀이로 이어지기]

다음 날 교사가 여러 가지 모양의 풍선을 서로 다른 길이의 줄에 매달아 두었다. 그러자 영아들도 자연스럽게 풍선으로 다가가 손으로 치면서 "동그란 풍선이 움직여.", "하트모양 풍선은 날아." 하며 풍선놀이를 이어 갔다. 어떤 풍선이 높이 매달려 있어 손이 닿지 않자 영아들이 "선생님 높이 있어요. 손으로 칠 수 없어요." 라고 말하였다. 교사가 "어떻게 해야 풍선을 칠 수 있을까?"라고 하고는 자료실에서 뿅망치 몇 개를 가져다주었다. 한 영아가 뿅망치에 관심을 보이며 집어 들고 테이블을 두드리다가 뿅

망치로 풍선을 치고는 재미있다고 웃었다. 다른 영아들도 뿅망치로 높은 곳에 매달려 있는 풍선을 치면서 재미있게 놀았다.

교사 지원: '높다', '낮다', '길다', '짧다' 용어 사용

[놀이 경험 공유하기]

교사가 풍선놀이가 재미있었는지 영아들에게 묻자 뿅망치로 풍선을 치는 게 재미있었다고 하면서 하트모양 풍선을 집으로 가져갔으면 좋겠다고 하였다.

배움 확인   다양한 모양과 길이

사용한 자료   여러 가지 모양의 풍선, 끈, 뿅망치

밧줄놀이

놀이 맥락　만 2세반 영아들이 굵은 밧줄을 탐색하고 밧줄로 다양한 모양 만들기를 하였다. 그 후 영아들은 이전에 해 본 경험이 있는 기차놀이를 생각해 내어 밧줄의 양 끝을 묶어 기차놀이를 하였다.

[놀이 만나기]

교사가 영아에게 굵은 밧줄을 소개하였다. 교사가 "이것은 무엇일까?"라고 하면서 영아들에게 밧줄을 만져 보게 하였다. 교사는 "이것으로 무엇을 할까?"라고 하자 영아들이 "당기기 해요."라고 하여 밧줄 당기기 놀이를 하였다. 영아들이 서로 끝을 잡고 당겨 보고, 또 한쪽 끝에 두세 명이 같이 잡고 당기기도 하였다. 그러다 한쪽은 한 영아가 잡고, 다른 쪽은 세 명이 잡고 당기자 한 명의 영아가 앞으로 엎어지게 되었다. 교사가 당기기 말고 밧줄로 할 수 있는 놀이로 모양 만들기를 제안하였다.

[놀이에 빠지기]

교사가 밧줄의 양 끝을 서로 묶어 주자 영아들이 교실 바닥에서 밧줄로 모양 만들기를 하였다. 매트의 사각 모양을 따라 밧줄을 놓아 보기도 하고, 자신이 알고 있는 모양을 바

닥에서 만들기도 하였다. 영아들은 "나는 동그라미다.", "나는 세모 만들었어.", "내가 만든 건 오징어야!"라고 하면서 자신이 만든 모양을 서로 보여 주면서 놀이에 빠졌다.

그러다가 한 영아가 밧줄을 두 손으로 들고서 동그라미를 만들려고 하면서 옆의 친구에게 한쪽을 잡아 달라고 부탁한다. 두 영아가 함께 밧줄을 들어 동그란 모양을 만들려고 하지만 동그란 모양이 잘 만들어지지 않는다. 다른 영아 한 명이 더 참가하여 한쪽을 잡고 당기니 세모 모양이 만들어졌다. 그러자 모든 영아가 함께 밧줄을 잡고 들어 올려 동그라미 모양을 만들었다.

[다른 놀이로 이어지기]

여러 영아가 모두 함께 밧줄로 모양을 만드는 것을 보고 교사가 좀 더 긴 밧줄을 묶어서 영아에게 주었다. 긴 밧줄로 다양한 도형 만들기를 하던 중 한 영아가 전에 해 본 적이 있는 기차놀이 경험을 떠올렸다. 긴 밧줄로 기차를 만들어서 친구들에게 타도록 하여 기차놀이를 하였다. 네 명의 영아가 기차를 타고서 "바다로 가요~" 하면서 교실 여기저기를 달려간다. 교사가 "누가 기관사니?"라고 묻자 밧줄 기차에 탄 모든 영아가 "저요!"라고 하며 서로 자신이 기관사라고 답한다. 교사가 "기관사는 기차가 어느 방향으로 갈지 운전하는 거야. 그래서 맨 앞에 타는 거야. 그다음 사람은 손님이지~"라고 하며 기차의 원리를 알려 주자 맨 앞에 서 있는 영아가 "내가 기관사야."라며 좋아하였다. 교사가 "이 기차는 어디로 갈 거야?"라고 묻자 "네! ○○마트 가요." 하며 달려갔다. 기차가 교실 한 바퀴를 돌아오면 교사는 기관사를 했던 영아가 뒤에 가서 손님이 되고 다른 영아가 차례로 기관사를 할 수 있게 도와주었다. 그러자 영아들은 자신이 가고 싶은 곳을 말하며 신나게 기차놀이를 하였다.

교사가 길이가 더 긴 다른 밧줄을 내어 주자 영아들은 "더 긴 기차야, 더 많이 탈 수 있어.", "너도 여기에 타."라고 하면서 다른 영아가 탈 수 있게 기다려 주었다.

교사 지원: 기차놀이의 규칙 알려 주기

[놀이 경험 공유하기]

점심을 먹기 위해 오전 활동을 마무리하면서 영아들이 밧줄놀이에 대한 생각을 이야기하였다. 영아들은 "밧줄이 뚱뚱해서 잡기 힘들어요.", "내가 오징어를 만들었어요."라고 하면서 자신의 모양 만들기 경험을 이야기하였다. 그리고 "밧줄 기차놀이가 재미있었어요.", "긴 기차도 만들었어요."라고 이야기하자 교사가 "밧줄 기차가 길었구나, 그럼 긴 기차에 몇 명이 탔니?"라고 묻자 "아주 많이요.", "우리 반 전부요."라고 이야기하였다. 그러면서 내일도 기차놀이를 하자고 부탁하였다.

배움 확인　　길다, 짧다, 모양, 앞, 뒤의 공간관계

사용한 자료　　밧줄

기차놀이

놀이 맥락 바깥놀이터에서 교사가 만 2세반 영아들에게 여러 가지 자료를 제공하여 탐색하면서 몇 가지 단순한 놀이를 시작하였다. 이후 영아들은 여러 재료를 연결하여 기차를 만들고, 기차놀이를 하였다.

[놀이 만나기]

교사가 큰 상자와 작은 상자, 훌라후프를 영아들에게 보여 주고 탐색하도록 하였다. 영아들은 훌라후프를 굴려 보고, 바닥에 나란히 놓인 훌라후프 뛰어 넘기를 하였다. 몇몇 영아는 상자 안에 들어가 숨기도 하였고, 상자를 들고 걸어 다니기도 하였으며, 또 다른 영아는 상자 속에 들어가서 걸어 다녔다. 상자 속에 들어가서 다니던 영아 둘이 앞뒤로 줄지어 다니는 모습을 보고 교사가 "기차 같네!"라고 말하자 자연스럽게 기차놀이를 하게 되었다.

교사 지원: 종이 상자, 훌라후프, 바퀴

[놀이에 빠져들기]

교사와 영아들은 재미있는 기차놀이를 위하여 기차를 만들기로 하였다. 교사가 "어떻게 기차를 만들지?"라고 말하자 영아들이 상자를 이어서 만들자고 하였다. 교사와 영아가 함께 상자를 줄로 이어서 기차를 만들고 영아들이 상자 속에 들어가 기차놀이를

하였다. 처음에는 한 상자 속에 한 명씩 들어가 기차놀이를 하다가 한 상자에 두 명씩 들어가서 놀이하였다. 그러다가 큰 상자를 보고 영아가 "이 상자는 크니까 더 많이 들어갈 수 있어요."라고 하며 한 명의 영아를 더 타게 하여 세 명의 영아가 들어가 기차놀이를 하였다.

[심화/확장된 놀이로 이어지기]

영아들이 훌라후프를 연결하여 기차놀이를 할 수 있다고 하며 훌라후프를 연결해 달라고 교사에게 요청하였다. 교사가 모루를 가져다주자 영아들이 두 훌라후프를 모루로 연결하고자 하였다. 교사는 영아들이 연결한 모루의 끝을 묶어 마무리 지어 주었다. 그러자 영아들이 다른 훌라후프도 가져다 모루로 연결하고는 훌라후프로 기차를 만들었다고 좋아하였다.

또 다른 영아들은 교실에 있던 바퀴를 가져와서 빈 상자에 연결하여 기차놀이를 하고 싶다고 하였다. "어떻게 바퀴와 상자를 연결할 수 있을까?"라고 하자 훌라후프를 연결할 때 사용한 모루로 연결할 수 있다고 하였다. 이들은 모루를 이용하여 바퀴와 상자를 연결하기 위해 여러 가지 방법을 시도해 보았다.

수학적 과정-연계하기, 의사소통하기

바퀴 가운데 있는 구멍을 발견한 영아가 모루를 그 구멍으로 집어넣고는 상자를 살피더니 "상자에는 구멍이 없어.", "상자에 구멍이 있으면 모루를 집어넣을 수 있어요. 구멍을 만들어 주세요."라고 하였다. 교사가 상자에 구멍을 뚫어 주자 바퀴 가운데 구멍에 넣은 모루를 상자 구멍으로 집어넣고는 교사에게 "묶어 주세요."라고 하며 마무리를 부탁하였다. 교사가 모루의 끝을 묶어 바퀴가 상자와 연결되었다.

수학적 과정—문제해결하기, 의사소통하기

영아들은 자신들이 바퀴를 연결한 상자 기차 안에 서로 들어가려고 해서 한 상자에 몇 명의 영아가 들어갈지 정하는 것을 시도해 보았다. 영아들은 교사와 함께 결정한 수만큼 바퀴 달린 기차 상자에 들어가 기차놀이를 하였다.

교사 지원: 모루, 모루 마무리 작업

[놀이 경험 공유하기]

다음 활동을 위하여 기차놀이를 마무리하면서 영아에게 기차놀이가 재미있었는지 물었다. 영아들은 "상자에 바퀴를 연결하는 것은 어려웠어요.", "기차놀이는 재미있었어요.", "나는 또 기관사가 되고 싶어요."라고 하며 내일도 계속 기차놀이를 하고 싶다고 하였다.

배움 확인   많다, 적다

사용한 자료   종이 상자, 훌라후프, 바퀴

미로 탈출

놀이 맥락　만 4세반 유아가 교실의 쌓기 영역에서 자석블록으로 벽을 쌓아 길을 만들고, 그 길을 따라 자동차를 움직이는 놀이를 시작하였다. 유아들은 자석블록으로 점점 더 복잡한 길을 만들어 미로처럼 되었고, 그 미로 같은 길을 자동차가 빠져나가야 하는 어려움을 겪게 되었다.

[놀이 만나기]

　처음에는 자석블록으로 단순한 벽 쌓기 놀이를 하다가 한 유아가 복잡한 미로처럼 보인 길을 만들게 되었고, 장난감 자동차를 미로를 따라 밀고 가는 놀이를 하게 되었다. 유아들은 "이곳으로 나가면 막히니까 돌아가야 할 거야."라고 이야기하면서 미로를 빠져나가기 위해 여러 방향으로 자동차를 움직여 보는 시도를 하는 '미로 탈출 놀이'를 하게 되었다.

[놀이에 빠져들기]

　유아들은 미로 탈출 놀이를 재미있어하면서 미로에서 '출발점'과 '도착점'을 설정하고, 미로가 출발점부터 도착점까지 연결되도록 열심히 블록을 쌓아 길을 만들어 갔다. 그리고 장난감 자동차로 미로를 탈출하기 위해 이리저리 밀고 다니는 놀이에 빠져

들어 즐겁게 놀았다.

　교사는 "왼쪽으로 좀 더 큰 미로를 만들면 재미있을 것 같은데.", "선생님이 왼쪽에 자동차들이 헷갈리도록 미로를 만들어 볼게."라고 하면서 미로 만들기에 참여하여 놀이가 지속되도록 도왔다. 미로 탈출 놀이를 하던 한 유아가 "여기는 함정이에요, 여기로 자동차가 가면 닫히는 거예요!"라고 말하며 왼쪽에 함정이 되는 공간을 함께 만들었다. 이때에 교사는 유아들이 사용하는 '이쪽', '저쪽' 등의 말을 '오른쪽', '왼쪽' 등의 방향에 관한 용어로 바꾸어 사용함으로써 공간과 관련된 용어에 익숙해지도록 하였다.

　교사 지원: 놀이자로서 참여, 방향에 관한 용어 사용

[심화/확장된 놀이로 이어지기]

　교사와 유아가 함께 미로 만들기를 한 다음 날도 유아들은 미로 만들기 놀이를 계속하였다. 유아들이 힘을 합쳐 미로를 크게 만들고, 함정도 여러 군데 만들어 미로의 난이도가 높아져서 더 도전적이고 재미있는 놀이를 하게 되었다. 한 유아가 "오늘은 자동차들이 함정에 너무 많이 빠졌어요, 불쌍해요. 자동차에게 올바르게 가는 길을 알려 주고 싶어요."라고 했다. 교사가 어떻게 알려 줄 수 있을지 물어보자 놀이에 직접 참여하지 않고 옆에서 지켜보던 한 유아가 미로를 탈출할 수 있는 지도를 만들면 된다고 말해 주었다. 그리고 그 유아는 "미로 탈출 지도를 그려서 그 지도를 보고 미로를 탈출하자."라고 하면서 미로 탈출 지도를 그렸다.

　유아들은 친구가 그려 준 미로 탈출 지도를 보고 자동차를 움직이다가 "야! 자동차가 함정에 빠졌어! 선생님! 지도에 표시된 대로 갔는데도 함정에 빠졌어요."라고 하면서 교사에게 도와달라고 하였다. 교사가 "무엇이 잘못되었지? 어떻게 해야 할까?"라고 유아들에게 되묻자 "지도를 다시 잘 만들어야 해요."라고 하면서 미로 탈출을 위한 위치와 방향을 확인하고는 "이쪽이 아니잖아, 반대편으로 가야 해.", "지도에 반대편으로 가라고 표시해."라며 미로 탈출 지도를 수정하였다. 유아들은 수정한 미로 탈출 지도를 가지고 자동차를 움직이며 놀이를 계속하였다.

　교사 지원: 문제해결을 위한 도움

[놀이 경험 공유하기]

　　놀이가 끝난 후 유아들은 미로 탈출 놀이를 한 경험을 다른 유아들과 함께 공유하였다. "미로를 엄청 크게 만들었는데, 진짜 재밌었어요. 더 크게 만들고 싶어요."라고 말하며 자석블록이 더 필요함을 표현하였다. 그리고 "미로 탈출 지도를 잘못 만들어서 고생했어요.", "친구가 갈라지는 길에서 반대편으로 가라고 표시해서 함정에 빠졌어요." 다음 시간에 '왼쪽으로 가시오', '오른쪽으로 가시오' 등의 표지판을 함께 만들자고 말하며 마무리하였다.

　　배움 확인　　방향에 관련된 용어 경험, 시각화와 공간적 추리(지도 만들기 및 지도 따라 가기)

　　사용한 자료　　자석블록, 장난감 자동차

유아 활동

신체검사와 코로나19

놀이 맥락　유치원에서 새롭게 등원하게 된 만 3세 유아의 신체검사를 했다. 신체검사 중에 몸무게, 가슴둘레 등을 재는 줄자, 전자 몸무게 저울 등을 교실에 비치해 두고, 키 표시판을 벽에 붙여 두었다. 그리고 코로나19로 인하여 매일 체온을 재고 있어서 체온계도 비치되어 있다.

[놀이 만나기]

유아들은 교실에 비치해 둔 전자 저울과 줄자에 관심을 보였다. 평소 '선생님 놀이'를 즐겨 하던 유아들이 '신체검사'라는 새로운 활동 주제에 흥미를 느끼고, '선생님 놀이'에 '신체검사'를 포함하여 놀이하게 되었다.

[놀이에 빠져들기]

'선생님 놀이' 속에서 '신체검사'가 추가되어 놀이하다가 몇몇 유아가 신체검사에 많은 흥미를 보이면서 "우리 신체검사 놀이하자."고 하면서 점차 '신체검사 놀이'에 초점을 두게 되었다. 즉, 키 표시판, 줄자, 전자 몸무게 저울 등을 이용하여 서로의 키와 몸무게를 재 주었고, 매일 아침에 체온을 재는 경험과 연계하여 체온도 함께 측정하는 놀이에 빠져들었다.

[문제 상황과 창의적으로 해결하기]

코로나19로 인하여 매일 아침 체온을 재면서 "36.5도" 등으로 말해 주는 교사의 말에서 '도'라는 단위를 기억한 한 유아가 '신체검사 놀이'에서 "네 몸무게는 16도야."라고 친구에게 말하였다.

이에 교사가 몸무게는 '킬로그램'이라고 말한다고 알려 주자, 이 유아는 다른 친구에게 "네 몸무게는 16킬로그램이고, 네 키는 100킬로그램이야."라고 이야기하였다. 이에 교사는 키는 '센티미터'라고 함을 알려 주었다. 유아들은 키의 단위와 몸무게의 단위가 다름에 대하여 매우 혼란스러워하면서 교사에게 키와 몸무게를 말할 때, 어떻게 말해야 하는지 다시 질문하였고, 교사는 키는 '센티미터', 몸무게는 '킬로그램', 체온은 '도'라고 말한다고 정리하여 알려 주었다.

   교사 지원: 키, 몸무게, 체온의 단위를 알려 줌

   교사가 어떤 상황에서 어떤 측정단위를 사용하는지 알려 주었으나 유아들은 많이 헷갈려 했고, 측정단위 사용이 틀리는 것에 위축된 유아들이 단위를 사용하지 않고 놀이하게 되었다. 즉, '키는 100', '몸무게는 16' 등으로 이야기하는 방안을 택하였다. 그러다가 유아들은 자신만의 공통단위를 만들어서 사용했다. 즉, '키는 100높이', '몸무게는 16뚱뚱', '체온은 36.5도' 등으로 이야기하여 측정단위의 어려움을 해결하면서 놀이를 이어 갔다. 교사가 유아의 잘못된 단위 사용에 대해 직접 고쳐 주거나 알려 주는 등의 개입을 하지 않고 관찰자, 놀이자로 참여하자, 유아들은 어려운 측정단위를 이와 같이 창의적으로 표현하였다.

[놀이 경험 공유하기]
   체온은 매일 아침에 재기 때문에 '도'라는 단위를 사용하는 것에 익숙하지만, 키, 몸무게 등이 추가되자 어렵고 헷갈린다고 하였다. 앞으로 일상생활에서 신체를 측정할 때 자신들이 만든 측정단위를 계속 사용할 것이라고 하였다.

   배움 확인   다양한 측정단위 경험

   사용한 자료   줄자, 전자 몸무게 저울

유아 활동

철봉놀이

놀이 맥락   만 4세 유아들이 바깥놀이터에서 철봉놀이를 하는 상급반 유아들을 보고 철봉놀이에 흥미를 보이며 철봉에 매달리고 싶어 하였다. 처음에는 바깥놀이터에 있는 3단 철봉 중에서 가장 낮은 철봉에 매달리며 놀던 유아들이 점점 더 높은 철봉 매달리기에 도전하였다.

[놀이 만나기]

바깥놀이터에 3단 철봉 놀이기구에서 만 5세 형님반 유아들이 철봉에 매달려 있는 모습을 보고, 만 4세 유아들이 관심을 보였다. "선생님 저건 뭐 하는 놀이예요?"라고 질문하였고, 교사로부터 운동기구에 대한 설명을 들었다. 그 후 몇 명의 유아가 흥미를 보이며 철봉이 있는 곳까지 오르락내리락하였다. 처음에는 무서워하여 철봉이 있는 곳까지만 오르락내리락하기를 반복하였다가, 세 개의 철봉 중 가장 낮은 철봉에 매달려 보았다.

[놀이에 빠져들기]

유아들은 철봉 매달리기에 점차적으로 빠져들어 친구들과 함께 오래 매달리기를 하였다. 누가 가장 오래 매달리는지 알아보기 위하여 서로 수를 세어 주었다. 그러나 유아들 간에 수를 세는 속도가 달라 갈등이 일어나자, 교사에게 도움을 청하였다. "선생님 누가 가장 오래 매달려 있는지 재어 주세요." 라고 하여 교사는 각 유아가 매달려 있는 시간을 재기 위해 휴대전화 스톱워치를 사용해 시간을 측정해 주었다.

교사가 "용호는 3초 매달렸네.", "진구는 6초까지 매달렸어."라고 하며, 유아들이 매달린 시간을 이야기해 주자 유아들은 자신이 얼마나 오래 매달렸는지를 알고 좋아하였다.

철봉 매달리기에 자신감이 붙은 유아들은 철봉에 매달린 채 좌우로 이동해 보았다. 그 모습을 본 친구들은 "선생님, 쟤는 원숭이 같아요!"라고 말하였다. 교사는 "정말 매달려 있는 모습이 원숭이 같은데?"라고 하였다. 그러자 유아들은 철봉에서 좌우로 움직이다가 큰 기둥이 있는 가장자리까지 와서 안정적으로 내려왔다. 정리할 시간이 되자 유아들은 아쉬워하며 "선생님 내일 또 철봉놀이 하고 싶어요."라고 말하고 교실로 들어갔다.

교사 지원: 스톱워치로 시간 측정

[더 어려운 놀이 도전하기]

다음 날 바깥놀이 시간에 유아들의 안전을 위해 장갑을 착용하고, 친구가 먼저 철봉으로 올라갈 때에는 다른 유아들은 기다리기로 약속을 한 후 놀이를 시작하였다.

이번에는 한 유아가 가장 높은 철봉에 매달려 있는 만 5세 유아를 보며 "선생님 저기는 너무 높아서 올라갈 수 없을 것 같아요. 누나들만 올라가는 건가 봐요."라고 말하며 시도하기를 포기하고 반복적으로 올라가는 누나를 관찰하였다. 그러더니 "선생님이 나 조금만 도와주면 여기 올라갈 수 있어요."

라고 말하였다. 교사는 "어떻게 도와줄까?"라고 물었다. 그러자 유아는 "내가 떨어지려고 하면 도와달라고 할게요. 잡아 주세요."라고 말하였다. 유아들은 교사의 도움으로 가장 높은 철봉에 매달려 보기를 반복하다가, 조금씩 자신감이 생겨 옆으로 이동해 보고 가장자리의 큰 기둥에 매달려 스스로 내려왔다.

한 유아가 "누가 더 높은 철봉까지 가는지 내기 하자."라고 제안하자 유아들이 자신이 매달렸던 철봉보다 더 높은 철봉에 올라가 매달리려고 시도하였다. 한 유아가 "야! 나 높은 철봉에 매달릴 수 있어."라고 소리치자 "나는 너보다 더 높은 철봉에 매달릴 거야."

라고 하며 제일 높은 철봉으로 올라가서 매달리기를 시도하였다. 하지만 손이 닿지 않자 "선생님 철봉이 너무 높아 손이 안 닿아요. 선생님이 좀 올려 주세요."라고 하며 도움을 요청하였다. 또한 유아들은 "너무 높아서 좀 무서워요. 잡아 주세요.", "이거는 너무 높아요. 가운데(중간 높이) 철봉에 매달릴 거예요."라고 하며 자신의 능력을 고려하면서 조금 더 어려운 놀이에 도전하였다.

교사 지원: 높은 철봉에 매달릴 수 있게 유아를 들어 올려 주거나, 내려 주기

[놀이 경험 공유하기]
바깥놀이가 끝나고 돌아오는 길에 철봉놀이를 했던 친구들이 다른 친구들에게 놀이 경험을 공유하였다. "나 오늘 엄청 높은 철봉까지 올라갔다. 거기는 형님반만 올라갈 수 있는 거야." "나는 ○○이보다 10초나 더 오래 매달려 있었어!"라고 말하였다. 또 다른 유아는 "나는 손에 불이 날 정도로 오래오래 잡고 있었어! 이것 봐, 빨갛지?"라고 말하였다.

배움 확인 시간 측정하기(임의단위 측정, 표준화 단위 측정), 공간적 관계(더 높이/가운데), 서로 다른 높이 경험

사용한 자료 스톱워치

유아 활동

민들레 꽃대 비눗방울 놀이

놀이 맥락　　만 4세 유아들이 바깥놀이터 주변에 있는 민들레꽃 홀씨에 관심을 보이고, 민들레 홀씨 불기를 하였다. 민들레 홀씨가 날아가고 남은 민들레 꽃대로 할 수 있는 놀이를 찾아 비눗방울을 만드는 놀이를 하였다. 비눗방울 놀이에서 더 발전하여 민들레 꽃대로 색깔 물감을 불어 그림을 그리는 놀이로 확장하였다.

[놀이 만나기]

몇 명의 유아가 바깥놀이터 주변에 있는 민들레 홀씨에 관심을 보이며 이를 꺾어 "후~ 후" 불어 보았다. 서로 불며 놀이하다가 "나는 저만큼이나 날아갔어.", "나는 민들레 홀씨가 하늘 높이 날아갔어."라고 말하였다. 주위에 있던 유아들도 민들레 홀씨를 찾아 불어 보며 "난 한 번 불었는데 다 날아갔어."라고 하며 민들레 홀씨를 불어 날려 보내는 놀이를 하였다.

유아들이 민들레 홀씨를 서로 멀리 불어 날리기 놀이를 하며 "내가 더 멀리 날아갔어!"라고 하자 교사는 "누가 더 멀리 불어 날렸는지 재어 볼까?"라고 하면서 줄자를 가져와 유아가 불어서 날아간 민들레 홀씨의 거리를 재어 주었다. 교사가 자로 재는 동안 유아들은 민들레 홀씨를 불 순서를 기다려야 하는 상황이 되자 다른 놀이를 하기 위해 점차 자리를 떠나기 시작하였다. 그러면서 민들레 홀씨 불기 놀이가

흐지부지하게 되었다.

[새로운 놀이 만나기]

다른 곳으로 떠나지 않은 한 친구가 "민들레 홀씨가 다 날아가고 남은 이거(꽃대)는 비눗방울 부는 것 같아요."라고 하며 교사에게 민들레 홀씨가 날아가고 남은 꽃대를 보여 주었다. "왜 비눗방울 부는 것 같다고 생각해?"라고 교사가 묻자 "여기에 구멍이 있어요."라고 하며 민들레 꽃대에 입을 대고 불어 보았다. "빨대 같이 생겼어요." 이 말을 들은 다른 한 유아가 "우리 저번에 교실에서 빨대로 비눗방울 부는 거 했잖아?"라고 이야기하였다. 주위에 있던 유아들이 교사에게 다가와 "선생님, 우리 이걸로 비눗방울 불어 보고 싶어요."라고 말하였다. 교사는 "민들레 꽃대를 빨대처럼 사용하여 비눗방울을 만들어 보고 싶구나. 그럼 우리 교실에 가서 뭐가 필요한지 함께 생각해 보고 내일 가져와서 놀이해 보자."라고 말하였다.

[놀이에 빠져들기]

다음 날 교사와 유아들이 민들레 꽃대 비눗방울 놀이에 필요한 재료를 가지고 바깥놀이터로 나갔다. 유아들이 놀이터 주변에 있는 민들레 홀씨를 찾아 "후" 불어서 날려 보내고 남은 꽃대를 가리키며 "선생님! 이걸로 어떻게 비눗방울을 불 수 있어요?"라고 교사에게 질문하였다. 한 유아가 "이쪽이랑, 이쪽을 똑 떼어 내면 빨대처럼 구멍이 생기지? 이렇게 하면 비눗방울을 불 수 있어~"라고 하였다. 유아들은 민들레 홀씨를 하나씩 꺾어 와 양 끝을 떼어 내고 빨대 모양을 만들었다.

한 유아가 "선생님, 내 거는 잘 안 불어져요. 비눗방울이 잘 안 만들어져요."라고 하자, 다른 유아가 "이 끝을 이렇게 갈라서 하면 더 잘 만들어져."라고 하며 친구들이 민들레 꽃대의 끝을 가르도록 도와주러 여기저기를 돌아다녔다.

유아들은 양쪽 끝이 구멍 난 민들레 꽃대를 비눗방울 용액에 묻혀 비눗방울을 불어 보았다. 처음에는 비눗방울 모양이 잘 만들어지지 않자 세게 불어 보았다가 천천히 불

어 보고, "선생님, 살살 불어 봤더니 비눗방울 모양이 완성됐어요!"라고 말하였다. 친구들과 함께 민들레 꽃대로 크고 작은 비눗방울을 만들며 비눗방울 놀이에 빠져들었다.

반복적으로 비눗방울을 불어 보던 유아들이 어떤 친구의 비눗방울이 가장 큰지, 어떤 친구의 비눗방울이 안 터지고 가장 멀리 날아가는지 이야기하였다. "선생님! 내가 만든 비눗방울이 저어기~ 미끄럼틀 있는 곳까지 날아갔어요.", "선생님, 비눗방울이 바람 불어서 저 멀리까지 날아가요."라고 말하였다.

비눗방울 놀이를 하던 유아들이 이번에는 민들레 꽃대를 비눗방울 용액이 든 컵에 꽂아서 바람을 불기 시작하였다. 교사에게 "선생님, 이렇게 하니까 비눗방울이 속에서 나와요!"라고 하였다. 같이 불던 또 다른 유아는 "선생님, 작은 비눗방울이 백 개나 생겼어요.", "화산이 폭발하고 있다!!"라고 말하였다.

교사의 지원: 플라스틱 통, 비눗방울 액체, 민들레 꽃대 만드는 방법 안내

[심화/확장된 놀이로 이어지기]

몇몇 유아가 바깥놀이터에서 가지고 놀던 민들레 꽃대를 교실로 가지고 들어와서 컵에 물을 넣고 민들레 꽃대로 불기 놀이를 하였다. 그 모습을 본 교사가 미술 영역에 비눗방울 용액에 물감을 섞어 비눗방울 그림 만들기를 할 수 있도록 자료를 준비해 주었다. 유아들은 민들레 꽃대로 비눗방울을 불어 거품을 만들고, 그 거품을 큰 종이에 옮겨 놓아서 공동 그림을 만들었다. 유아들은 비눗방울 그림을 보고 "바닷속 같아요. 이거 마르면 고래랑 물고기 그려도 되나요?"라고 하면서

함께 만든 비눗방울 그림에 원하는 그림을 그려 넣기를 원하였다. 교사는 종이가 마르면 그림을 그릴 수 있다고 이야기하였다.

교사의 지원: 플라스틱 통, 비눗방울 액체, 물감, 전지

[놀이 경험 공유하기]

교사는 3일 동안 지속되어 왔던 민들레 꽃대 놀이 경험을 전체 학급에서 공유하도록 하였다. 유아들은 "민들레 꽃대가 꼭 빨대 같이 구멍이 뚫려 있어요.", "내가 입으로 세게 부니까 비눗방울이 커지고, 내가 살살 부니까 비눗방울이 작았어요.", "나는 크게 부니까 비눗방울 거품이 많아졌어요, 백 개나 만들었어요. 작게 부니까 거품이 조금 생겼어요."라고 이야기하였다. 교사가 "응, 친구들이 입으로 부는 바람 세기에 따라 비눗방울 거품이 많이도 만들어지고, 적게도 만들어졌구나.", "그럼 비눗방울 그림 만들기는 어땠니?"라고 질문하자 "재미있었어요! 종이에 색깔이 예쁘게 나왔어요!", "나는 컵에서 색깔을 섞었는데 다른 색깔이 되었어요.", "내가 만든 그림은 바닷속에서 물고기가 만든 뽀글뽀글 같아요. 내일 물고기를 그릴 거예요."라고 하며 자신의 경험을 이야기하고 활동을 마쳤다.

배움 확인 길이 측정

사용한 자료 민들레 꽃대, 물감, 비눗방울액, 줄자

키 큰 공룡 만들기

유아 활동

놀이 맥락   만 3세반 유아들이 블록으로 공룡을 만들고, 만든 공룡들끼리 싸우는 놀이를 하게 되었다. 키가 작은 공룡이 싸움에서 지게 되었는데, 키 작은 공룡은 힘이 없어서 부서졌다고 여기고 더 큰, 더 힘 센 공룡 만들기에 도전하였다. 그러나 키가 큰 공룡은 중심 잡기가 어려워 무너지는 문제에 부딪히게 되었고, 블록으로 높이 쌓을 때 넘어지지 않으면서 높이 쌓을 수 있는 방법을 찾기 위해 노력하였다.

[놀이 만나기]

블록으로 공룡과 사람을 만들고 놀이하였다. 작은 블록 하나를 사람으로 정하고, 공룡은 블록을 조립하여 크게 만들었다. 유아들이 각자의 공룡을 만들고는 나쁜 공룡과 착한 공룡으로 나눈 다음, 나쁜 공룡이 나타나서 사람들을 공격하면 착한 공룡이 사람들을 지켜 주는 놀이를 하였다.

[놀이에 빠져들기]

놀이 중에 나쁜 공룡이 착한 공룡을 공격해서 착한 공룡이 부서졌다. 나쁜 공룡 역할을 맡았던 유아가 "착한 공룡은 너무 작아 힘이 안 세."라고 이야기한 것을 시작으로 유아들은 키가 크고, 힘이 센 공룡을 만들기 위해 노력하였다. 각자 블록을 높게 결합하여 공룡을 만든 후 서로 공룡 키를 재 보고 누구의 공룡 키가 더 큰지 비교해 보았다. 거의 비슷한 높이로 블록을 쌓은 경우에는 교사에게 "뭐가 더 커요?"

라고 물었으나 교사가 확답을 주지 않자 서로 부딪혀서 부서지지 않는 공룡이 이기는 놀이를 하였다. 그러나 자신의 구성물이 부서지는 것에 매우 속상해한 유아들은 서로 부딪히는 놀이는 하지 않았으며, 교사에게 일정 숫자를 세어 달라고 부탁하며, 그 시간 내에 누가 더 높이 쌓는지 겨루는 놀이를 하였다.

교사 지원: 놀이자로서 참여

[문제해결하기]

유아들이 블록을 높게 쌓아 키가 큰 공룡을 만들었으나 중심을 잡지 못하고 쓰러지거나 중간이 부서지는 일이 빈번히 일어났다. 유아들은 교사에게 블록 중간을 잡아 달라고 부탁하였다. 그러나 한 유아만 도움을 받는 것은 공정하지 않기 때문에 유아들은 교사 도움 없이 높이 쌓기 대결을 하자고 이야기하였다. 계속해서 한 줄로만 블록을 높이 쌓는 유아들을 보고 교사가 옆에서 한 층에 블록 두세 개를 놓으며 쌓는 모습을 보이자 유아들은 "왜 선생님 거는 안 부서져요?"라고 물으며 교사의 구성물을 관찰하고, 모방하였다.

교사 지원: 문제해결을 위한 모델링

[놀이 경험 공유하기]

유아들이 "공룡을 너무 크게 만들려고 하니까 자꾸만 무너져서 속상했어요."라고 이야기하자, "사람은 밥을 잘 먹고 운동을 하면 키가 크지만 블록 공룡은 튼튼하게 쌓아야 키가 클 수 있어."라고 이야기하였다. 이후 교사와 유아들이 함께 쌓기 영역에서 천장까지 닿는 높은 탑을 쌓는 놀이를 하였다. 유아들은 밑바닥을 튼튼히 해야 한다고 이야기하며 1층에 여러 개의 블록을 두고 쌓았다. 그러나 한 층에 여러 개의 블록을 두니까 탑이 안정되기는 하지만 블록이 부족한 경험을 하게 되었다.

배움 확인 길이 측정

사용한 자료 여러 가지 끼우기 블록

물길 만들기 놀이

놀이 맥락　바깥놀이 중 모래놀이터에서 만 4세 유아들이 모래를 퍼내어 커다란 구덩이가 만들어지자 그곳에 물을 부었다. 구덩이에 물이 고이자 유아들은 물이 흘러 갈 수 있도록 길을 만들어 주었다. 그런데 구덩이에 물을 붓는 것을 돕기 위해 호스를 사용하자 물이 넘쳐흐르는 문제가 생겼다. 유아들은 함께 이를 해결하며 놀이를 이어 갔다.

[놀이 만나기]

　모래놀이를 하던 한 유아가 모래를 퍼내어 커다란 구덩이가 생기자 물을 가지고 놀 이해도 되냐고 교사에게 물어보았다. 교사는 "물을 사용해도 돼! 하지만 아직은 물에 흠뻑 젖으면 춥거든. 그러니까 옷이 젖지 않도록 조심하자."라고 말해 주었다. 그러자 다른 유아들도 신나서 물웅덩이 만들기에 참여하였다. 유아들은 모래 구덩이에 물을 붓고 물이 흘러가는 모습과 물이 흘러가고 남은 자리를 관찰하고, 물이 흘러가는 길을 만들면서 즐거워하였다.

　그러다 한 유아가 아래까지 흘러간 물을 보고 "시냇물아, 너 여기까지 오면 안 돼. 너 여기 오면 다 굳어."하며 걱정하였다. 물을 부었지만 물이 흐르지를 않자 교사에게 "선

생님, 진흙탕이에요.", "어, 잠깐만. 어떡해, 우리 망했다."라고 하며 계속 물을 부었다. 그러자 다른 유아가 "망한 게 아니고! 웃차~, 이렇게 길을 만들어."라며 물길을 팠다. 유아들이 웅덩이에 물을 붓자 유아들이 판 물길로 물이 흘렀다. 이에 유아들이 "물을 많이 부어야 해. 작은 양동이는 물이 적어서 안 돼. 커다란 양동이에 물을 담아 오자." 라고 하였다. 교사는 양동이로 물을 길어 오는 유아들을 돕기 위해 호스를 지원하였다.

교사 지원: 호스

[문제 제기]

웅덩이에 호스로 물을 뿌리면 물길에 물이 넘치고, 호스 물을 잠그면 물이 흙에 흡수 되어 물이 부족해지면서 고민이 시작되었다. "어떡하면 좋을까?"

[전략 탐색]

수도꼭지를 틀어 호스로 물웅덩이를 다시 채우자 금방 물길의 물이 넘쳤다. 그러자 채윤이가 "이걸로 물을 채워 줄 게."라고 하며 커다란 물뿌리개를 가지 고 왔다.

수학적 과정–문제해결하기, 연계하기

[실행]

유아들이 커다란 물뿌리개에 물을 채워 웅덩이에 물을 뿌리자 물길을 따라 물이 적 절하게 흘렀다. 그러자 다른 유아들도 물뿌리개를 가져와 웅덩이에 뿌리면서 물길에 물이 흘러가도록 하는 놀이를 하였다.

수학적 과정–연계하기, 증명하기

[결과 공유]

유아들은 "호스로 물을 뿌리면 화산이 폭발하는 것처럼 물이 넘쳐요.", "하지만 물뿌 리개로 물을 뿌리니까 우리가 만든 물길을 따라 물이 흘러요."라고 하며 자신들이 실

행했던 것을 이야기하였다. 교사가 "왜 호스로 하면 물이 물길에서 넘칠까?"라고 묻자
유아들은 "호스에서는 물이 너무 많이 나오지만 물뿌리개에서는 조금 덜 나와요."라고
대답하였다.

수학적 과정–의사소통하기, 표상하기

배움 확인   양의 비교

사용한 자료   호스, 물뿌리개

유아 활동

한 숟가락씩

놀이 맥락　만 4~5세 학급의 유아가 생일을 맞아 파티를 한 후 생일 케이크를 나누어 먹으려고 하였다. 유아들은 문제해결 과정을 통해 모두 공평하게 케이크를 나누어 먹었다.

[문제 제기]

어떻게 하면 생일 케이크를 공평하게 나누어 먹을 수 있을까?

　　　　수학적 과정–문제해결하기, 의사소통하기,

　　　　　　　　　　　　　　　　　　연계하기

[전략 탐색 1]

똑같은 크기의 숟가락으로 케이크를 덜어서 자신의 접시에 가져간다면 모두 똑같이 나누어 먹을 수 있을 것이라는 의견이 나왔다.

　　　　　　　　　　　　수학적 과정–추리와 예측하기, 의사소통

[실행 1]

전략에 따라 다섯 명의 유아가 케이크를 한 숟가락씩 차례대로 덜어 자신의 접시에 담았다. 생일 케이크가 다 없어질 때까지 한 숟가락씩 덜어 갔다.

　　　　　　　　　　　　　　　　　수학적 과정–의사소통하기

[결과 공유 1]

생일 케이크가 다 없어질 때까지 나눈 후 유아들이 자신의 케이크와 다른 친구들의 케이크의 양을 어림하여 비교하였다. 한 유아가 "내 케이크가 제일 적은 것 같아요."라고 하며 공평하게 나누지 못하였다고 항의하였다.

수학적 과정–표상하기, 의사소통하기

[전략 탐색 2]

'그럼 어떻게 하면 공평하게 똑같이 나눌 수 있을까?' 고민하다가 양팔저울을 이용하여 누구의 케이크가 더 무거운지 재어 보고, 더 무거운 접시의 케이크를 더 가벼운 접시의 케이크에 덜어 줌으로써 케이크의 양이 똑같아지도록 하자고 하였다.

수학적 과정–문제해결하기, 의사소통하기

[실행 2]

유아들은 양팔저울을 이용하여 두 명씩 케이크 접시를 재어 보고, 더 무거운 접시의 케이크를 가벼운 접시에 덜어 주면서 케이크의 양이 같아지도록 하였다.

수학적 과정–추리하기와 증명하기

[결과 공유 2]

유아들이 자신의 케이크 양을 친구들의 케이크 양과 어림하여 비교하면서 모두 같은 양의 케이크를 먹을 수 있게 되었다고 만족하였다. 이들은 케이크의 양이 똑같아지도록 하기 위해 양팔저울을 사용한 경험을 서로 이야기 나누었다.

수학적 과정–의사소통하기, 표상하기

배움 확인   동등한 나누기, 무게 측정의 기술

사용한 자료   숟가락, 양팔저울

참고문헌

교육부(1998). 유치원 교육과정 해설. 서울: 교육부.

교육부 · 보건복지부(2019a). 2019 개정 누리과정 해설서. 세종: 교육부 · 보건복지부.

교육부 · 보건복지부(2019b). 2019 개정 누리과정 놀이실행자료. 세종: 교육부 · 보건복지부.

김경철(1992). 유아 수학문제해결 능력 신장에 대한 연구. 중앙대학교 대학원 박사학위논문.

김경희(1996). 대상물에 따른 유아의 수세기에 관한 연구. 순천향대학교 지역사회개발대학원 석
　　사학위논문.

나귀옥(2002). 취학 전 유아의 수 및 연산의 기초개념에 관한 연구. 미래유아교육학회지, 9(3),
　　39-57.

노선숙(2000). 미국 수학교육 동향에 관한 소고. 교육과학연구, 4, 171-186.

보건복지부(2020). 제4차 어린이집 표준보육과정 해설서. 세종: 보건복지부.

송명자(1990). 한국 수의 이중 명명체계가 아동의 수사고에 미치는 영향: 두 수 체계의 전용 분
　　석. 교육학연구, 28(2), 81-90.

신희영(1991). 유아의 분류 개념 형성과 인지 양식과의 관계 연구. 건국대학교 대학원 석사학위
　　논문.

이정욱 · 유연화(2006). 유아수학교육. 서울: 정민사.

이정욱 · 이혜원(2004). 아동의 사각형 면적 측정 전략에 관한 연구. 아동학회지, 25(1), 13-29.

차현화 · 홍혜경(2005). 유아의 대수적 사고능력의 발달에 대한 분석. 유아교육연구, 25(2), 31-53.

홍혜경(1990). 한국 유아의 수단어 획득에 관한 연구. 아동학회지, 11(2), 5-23.

홍혜경(1999). 유아의 수 표상능력 발달에 대한 분석과 교육적 활용. 유아교육연구, 19(2), 95-118.

홍혜경(2004). 유아 · 초등 저학년의 연계적 수학교육과정을 위한 기초연구. 유아교육연구, 24(2),

289-310.

황정숙(1994). 측정과정에서의 유아의 양적 불변성 이해. 유아교육연구, 14(2), 117-134.

Althouse, R. (1994). *Investigating mathematics with young children*. New York: Teachers College Press.

Baroody, A. J. (1987). *Children's mathematical thinking*. New York: Teachers College, Columbia University.

Batzle, J. (1992). *Portfolio assessment and evaluation: Developing and using portfolios in the k-6 classroom*. Cypress, CA: Creative Teaching Press.

Bodrova, E., & Leong, D. J. (2010/2007). 정신의 도구: 비고츠키 유아교육(*Tools of the Mind: The Vygotskian Approach to Early Childhood Education*, 2nd ed.). (신은수, 박은혜 역). 서울: 이화여자대학교 출판문화원.

Boulton-Lewis, G. M., Wilss, L. A., & Mutch, S. L. (1996). An analysis of young children's strategies and use of devices of length-measurement. *Journal of Mathematical Behavior, 15*, 329-347.

Bredekamp, S. (Ed.). (1986). *Developmentally appropriate practice in early childhood programs serving children from birth through age 8*. Washington, DC: NAYEC.

Bredekamp, S., & Copple, C. (Eds.). (1997). *Developmentally appropriate practice in early childhood education*. Washington, DC: NAYEC.

Bredekamp, S., & Rosegrant, T. (1995). Transforming curriculum organization. In S. Bredekamp & T. Rosegrant (Eds.), *Reaching potentials: Transforming early childhood curriculum and assessment*, vol. 2. Washington, DC: NAEYC.

Burton, L. H. (1991). *Joy in learning: Making it happen in early childhood classes*. Washington, DC: National Education Association.

Charlesworth, R., & Lind, K. K. (1995). *Math and science for young children* (2nd ed.). Albany, NY: Delmar Publishes.

Charlesworth, R., & Lind, K. K. (2002). *Math and science for young children* (4th ed.). New York: Thomson Delmar Publishers.

Choi, Y., & Lee, J. (2005). *Transformational geometry concepts in young children*. PECERA 6th conference, Taipei, Taiwan.

Clements, D. H. (1999). Concrete manipulatives, concrete ideas. *Contemporary Issues in Early childhood, 1*(1), 45-60.

Clements, D. H. (2004). Major themes and recommendations. In D. H. Clements & J.

Sarama (Eds.), *Engaging young children in mathematics: Standards for early childhood mathematics education* (pp. 7-72). Mahwah, NJ: Lawrence Erlbaum Associates.

Clements, D. H., & Battista, M. T. (1992). Geometry and spatial reasoning. In D. A. Grouws (Ed.), *Handbook of research on mathematics teaching and learning*. Reston, VA: NCTM.

Clements, D. H., & Sarama, J. (2000). The earliest geometry. *Teaching Children Mathematics, 7*(2), 82-86.

Clements, D. H., & Stephan, M. (2004). Measurement in pre-k to grade 2 mathematics. In D. H. Clements & J. Sarama (Eds.), *Engaging young children in mathematics: Standards for early childhood mathematics education* (pp. 299-317). Mahwah, NJ: Lawrence Erlbaum Associates, Pub.

Cooper, R. G. (1984). Early number development: Discovering number space with addition and subtraction. In C. Sophian (Ed.), *Origins of cognitive skills* (pp. 157-192). Hillsdale, NJ: Lawrence Erlbaum Associates.

Copley, J. V. (2000). *The young children and mathematics*. Washington, DC: NAEYC.

Copple, C., & Bredekamp, S. (2009). Developmentally appropriate practice in early childhood programs serving children from birth through age 8 (3rd ed.). Washington, DC: NAEYC.

Crowley, M. L. (1987). The Van Hiele model of the development of geometric thought. In M. M. Lindguist & A. P. Schulte (Eds.), *Yearbook: Learning and teaching geometry k-12*. Reston, VA: NCTM.

Crucio, F. R., & Folkson, S. (1996). Exploring data: Kindergarten children do it their way. *Teaching Children Mathematics, 2*, 382-385.

Flavell, J. H. (1985). *Cognitive development*. Englewood Cliff, NJ: Prentice-Hall.

Flavell, J. H., Miller, P. H., & Miller, S. A. (1993). *Cognitive development* (3rd ed.). Englewood Cliff, NJ: Prentice-Hall.

Fennell, F. (2006). Curriculum focal points: What's the point? NCTM News Bulletin. Retrieved from http://www.nctm.org/about/content.aspx?id=9498

Findell, C. R., Small, M., Cavanagh, M., Decey, L., Greenes, C. E., & Sheffield, L. J. (2001). *Navigating throught geometry in prekindergarten grade 2*. Reston, VA: NCTM.

Fuson, K. C. (1988). *Children's counting and concepts of numbers*. New York: Springer-Verlag.

Fuson, K. C., & Ho, C. S. (1998). Children's knowledge of teen quantities as tens and ones: Comparisons of Chinese, British, and American kindergarteners. *Journal of Educational Psychology, 90*(3), 536-544.

Gelman, R. (1980). What young children know about number. *Educational Psychologist, 15*, 54-86.

Gelman, R. (1990). First principles organize attention to and learning about relevant data: Number and the animate-inanimate distinction as examples. *Cognitive Science, 14*, 79-106.

Gelman, R., & Gallistel, C. R. (1978). *The child's understanding of number*. Cambridge, MA: Harvard University Press.

Gestwicki, C. (2007). *Developmentally appropriate practice: Curriculum and development in early education* (3rd ed.). Clifton Park, NY: Thomson Delmar Learning.

Greenberg, P. (1994). How and why to teach all aspects of preschool and kindergarten math naturally, democratically, and effectively. *Young Children, 49*(2), 12-18.

Greenes, D., & House, P. A. (2001). *Navigating through algebra in prekindergarten-grade 2*. Reston, VA: NCTM.

Haith, M. M., & Benson, J. B. (1998). Infant cognition. In W. Damon, D. Kuhn, & R. S. Siegler (Eds.), *Handbook of child psychology: Cognition, perception, and language* (5th ed., Vol. 2, pp. 199-254). New York: Wiley.

Kellman, P. J., & Banks, M. S. (1998). Infant visual perception. In W. Damon, D. Kuhn, & R. S. Siegler (Eds.), *Handbook of child psychology: Cognition, perception, and language* (5th ed., Vol. 2, pp. 103-146). New York: Wiley.

Markman, E. M. (1978). Empirical versus logical solutions to part-whole comparison problems concerning classed and collections. *Child Development, 49*, 168-177.

NAEYC (2020). Developmentally appropriate practice: A position statement. NAEYC. https://www.naeyc.org/sites/default/files/globally-shared/downloads/PDFs/resources/position-statements/dap-statement_0.pdf

NAEYC & NCTM (2002). Early childhood mathematics: Promoting good beginning. https://www.naeyc.org/sites/default/files/globally-shared/downloads/PDFs/resources/position-statements/psmath.pdf

Nah, K. O. (2005). Mathematical content and processes in Korean early childhood education in comparison to the NCTM standards. *Journal of Future Early Childhood Education, 12*(1), 431-463.

NCTM (1989). *Curriculum and evaluation standards for school mathematics*. Reston, VA: The National Council of Teachers of Mathematics, Inc.

NCTM (2000). *Principles and standards for school mathematics*. Reston, VA: The National Council of Teachers of Mathematics, Inc.

NCTM (2006). *Curriculum focal points for prekindergarten through grade 8 mathematics: A quest for coherence*. Reston, VA: The National Council of Teachers of Mathematics, Inc.

Nunes, T., Light, P., & Mason, J. H. (1993). Tools for thought: The measurement of length and area. *Learning and Instruction, 3*, 39-54.

Packer, M. J. (1993). Away from internalization. In E. A. Forman, N. Minick, & C. A. Stone (Eds.), *Contexts for learning* (pp. 254-265). New York: Oxford University Press.

Piaget, J. (1965). *The child's conception of number*. New York: Norton.

Piaget, J., & Inhelder, B. (1959). *La Genese des structures logiques elementaires: Classifications et seriations*. Neuchatel: Delachaux et Niestle.

Piaget, J., & Inhelder, B. (1964). *The early growth of logic in the child: Classification and seriation*. New York: Harper & Row.

Rogoff, B., Malkin, C., & Gilbride, K. (1984). Interaction with babies as guidance in development. *New Directions for Child Development, 23*, 31-44.

Rosser, R. A., Ensing, S. S., Glider, P. J., & Lane, S. (1984). An information-processing analysis of children's accuracy in predicting the appearance of rotated stimuli. *Child Development, 55*, 2204-2211.

Schaeffer, B., Eggleston, V. H., & Scott, J. L. (1974). Number development in young children. *Cognitive Psychology, 6*, 357-379.

Seefeldt, C., & Galper, A. (2004). *Active experiences for active children*. Pearson: Merrill Prentice Hall.

Shaw, J., & Blake, S. (1998). *Mathematics for young children*. Upper Saddle River, NJ: Prentice-Hall, Inc.

Siegler, R. S. (1998). *Children's thinking* (3rd ed.). Upper Saddle River, NJ: Prentice-Hall.

Smith, S. S. (2012). *Early childhood mathematics* (5th ed.). Boston: Pearson.

Starkey, P., & Cooper, R. G. (1995). The development of subitizing in young children. *British Journal of Development Psychology, 13*(4), 399-420.

Wertsch, J. V. (Ed.). (1985). *Culture communication and cognition: Vygotskian perspectives*. Cambridge: Cambridge University Press.

Willford, H. J. (1972). A study of transformational geometry instruction in the primary grades. *Journal for Research in Mathematics Education, 3*, 260-271.

Wood, D., Bruner, J. C., & Ross, G. (1976). The role of tutoring in problem solving. *Journal of Child Psychology and Psychiatry, 17*, 89-100.

Wynn, K. (1990). Children's understanding of counting. *Cognition, 36*(2), 155-193.

찾아보기

인명

내용

저자 소개

나귀옥(Nah Kwi-Ok)
미국 Oklahoma State University (Ph.D.)
현 순천향대학교 유아교육과 교수

김경희(Kim Kyoung-Hee)
순천향대학교 대학원 유아교육전공(교육학박사)
전 공립병설유치원 근무, 순천향대학교 겸임교수
현 순천향대학교 강사

놀이중심 영유아 수학교육

Mathematics Education for Young Children: Play-based Approach

2021년 9월 20일 1판 1쇄 인쇄
2021년 9월 30일 1판 1쇄 발행

지은이 • 나귀옥 · 김경희
펴낸이 • 김진환
펴낸곳 • ㈜ 학지사

04031 서울특별시 마포구 양화로 15길 20 마인드월드빌딩
대표전화 • 02-330-5114   팩스 • 02-324-2345
등록번호 • 제313-2006-000265호

홈페이지 • http://www.hakjisa.co.kr
페이스북 • https://www.facebook.com/hakjisabook

ISBN 978-89-997-2514-2 93370

정가 18,000원

출판 · 교육 · 미디어기업 **학지사**

간호보건의학출판 **학지사메디컬** www.hakjisamd.co.kr
심리검사연구소 **인싸이트** www.inpsyt.co.kr
학술논문서비스 **뉴논문** www.newnonmun.com
교육연수원 **카운피아** www.counpia.com